Die fetten Jahre sind vorbei

In Einfacher Sprache

Spaß am Lesen Verlag
www.spassamlesenverlag.de

Diese Ausgabe ist eine literarische Bearbeitung des Filmes von Hans Weingartner *Die fetten Jahre sind vorbei*.

Text in Einfacher Sprache: Marion Döbert
Redaktion: Jürgen Genuneit, Annerose Genuneit
Gestaltung/Cover Design: Jurian Wiese
Umschlagmotiv: Shutterstock
Druck: Easy-to-Read Publications

ISBN 978-3-944668-44-4

Marion Döbert

Die fetten Jahre sind vorbei

Ein Buch in Einfacher Sprache nach dem gleichnamigen Film von Hans Weingartner

Schwierige Wörter oder Ausdrücke sind unterstrichen. Die Erklärungen stehen in der Wörter-Liste am Ende des Buches.

Inhaltsverzeichnis

Die Villa

Peter und ich starren auf die Bild-Schirme.

Auf den Bild-Schirmen sehen wir die Villa.
Eine Luxus-Villa.
Mit einem riesigen Garten.
Ein Garten, so groß wie ein ganzer Park.

Im Haus ist ein Pool.
Besser gesagt: ein Schwimmbad aus Marmor.
Eine Sauna gibt es natürlich auch.

Die Reichen haben immer Häuser mit Pool
und mit Sauna.
Die Reichen müssen sich erholen.
Von dem vielen Geld, das sie haben.

In dem Garten stehen Figuren aus Marmor:
Götter und nackte Weiber.

Die Gartenmöbel sind abgedeckt.
Mit weißer Plane.
Damit bloß kein Kratzer an die teuren
Sachen kommt.

Das alles sehen wir auf den Bild-Schirmen.
Denn wir haben Kameras versteckt.

Vor der Villa.
In der Villa.
Im Garten.

Die Villa ist leer.
Die Leute sind in Urlaub.
Das erkennt man sofort:
Keine Autos, die wegfahren oder ankommen.
Keine Menschen, die rein- oder rausgehen.
Niemand im Garten.
Und die Gartenmöbel abgedeckt.
Da weiß doch jeder:
Die sind in Urlaub.

Peter und ich haben das sofort gesehen.
Und dann haben wir zugeschlagen.

Die werden sich wundern, wenn sie zurückkommen.

Die Rückkehr

„Hey, Jan!“
Peter stößt mich an.
„Da sind sie.“

Auf dem Bild-Schirm sehen wir einen
Wagen vorfahren.
Ein teurer Schlitten natürlich.
Die Familie ist aus dem Urlaub zurück.

Ein Mann steigt aus.
Seine Frau nennt ihn Jürgen.

„Endlich wieder zuhause“, sagt die Frau.
Sie streckt sich.
Genauso wie die Tochter und der Sohn.

Es muss eine lange Fahrt gewesen sein.
Und ein langer Urlaub.

Jan und ich hatten genug Zeit.
Wir mussten uns nicht beeilen.
Wir hatten genug Zeit,
um diesen Reichen einen ordentlichen
Schrecken einzujagen.

Alle zusammen gehen sie ins Haus.

„Machst du mal die Sauna an, Jürgen?
Nach der Fahrt kann ich das gut gebrauchen."
Die Frau streckt sich noch einmal.

Jeder schleppt Koffer und Taschen in den Flur.

Plötzlich bleibt der Sohn wie angewurzelt stehen.

Er starrt in das Wohnzimmer.
Er stammelt: „Was ... was ist ... hier ...?"

Die anderen laufen zu ihm hin.

„Was ist denn hier passiert?"
Entsetzt sehen alle in dem Zimmer umher.
Keiner findet Worte.

Die Möbel stehen nicht mehr an ihrem Platz.
Wie zu einem Turm sind sie hoch aufgestapelt.
Mitten im Zimmer.
Sessel, Stühle, Regale und Bücher.
Alles liegt auf einem Haufen.

Andere Möbel sind zur Seite gekippt.
Die Bilder sind von den Wänden genommen.
Sie stehen auf dem Fußboden.
Oder hängen auf dem Kopf an der Wand.

Nichts in diesem Zimmer ist mehr an seinem Platz.
Nichts in dem ganzen Haus.

Sie sehen sich an.
Voller Angst und Sorge.
Vorsichtig gehen sie weiter durch das Haus.

Nur ein paar Straßen weiter sitzen wir
in unserem VW-Bus.
In unserem Bulli.
Die Scheiben haben wir abgedunkelt.
So werden die Bild-Schirme nicht geblendet.
Und von außen kann uns niemand sehen.

„Wenn die wüssten ...“, flüstert Peter und grinst.

Die Frau schreit auf:
„Meine Porzellan-Figuren!
Wo sind meine teuren Figuren?“
Blass wie eine Leiche steht die Frau
vor dem Schrank.
Er ist leer.

Plötzlich zuckt sie zusammen.
An der Decke hängt etwas.
Eine lebens-große Frauen-Figur.
Eine Skulptur aus Holz.
Aufgehängt am Hals.

Wie eine Tote hängt sie an der Decke.

„Meine Stereo-Anlage!", ruft der Sohn.
„Wo ist meine Anlage?"
Fassungslos blickt er in das leere Regal.

„Mama", schreit die Tochter.
„Hier im Klo ...
hier sind deine Porzellan-Figuren."

Die Mutter ist den Tränen nahe.
Ihre teure Sammlung liegt in der Klo-Schüssel.

Die Porzellan-Soldaten sehen sie an.
Fast vorwurfsvoll.

In der Küche sieht es nicht besser aus:
Töpfe, Konserven-Dosen, Tassen, Gewürze,
alles ist auf einen Haufen gestapelt.

Der Kühlschrank ist offen.
Im Kühlschrank, da steht sie:
die Stereo-Anlage.

„Nichts anfassen!", befiehlt der Vater.
„Bloß keine Spuren verwischen!"

„Hier! Kommt mal her!", ruft die Tochter.

„Hier ist ein Brief!“

Auf dem Umschlag steht: LESEN!

Vorsichtig öffnet der Vater den Umschlag.
Auf einem Blatt sind Buchstaben aufgeklebt.
Buchstaben, aus Zeitungen ausgeschnitten.
Damit man keine Hand-Schrift erkennt.

Ein einziger Satz steht auf dem Papier:

DIE FETTEN JAHRE SIND VORBEI!

Alle sind sprachlos.
Niemand versteht, was hier passiert.

„Wir müssen die Polizei rufen“, sagt der Vater.
Seine Stimme ist kraftlos.

Peter schaltet die Bild-Schirme aus.
„Los, Jan, wir hauen ab!“

Er startet den Bulli.
Wir fahren durch die Siedlung.
Da hören wir schon die Polizei-Sirenen.
Mit Blaulicht fahren sie in Richtung Villa.

Wir grinsen uns an.

Turn-Schuhe

In der Stadt ist heute eine Demonstration.
Junge Leute protestieren in der Fußgänger-Zone.
Gegen Kinder-Arbeit.
Gegen Armut und Ausbeutung.

Einer von ihnen geht in den Sport-Laden gegenüber.
Er hat Flug-Blätter in der Hand.

Er geht zu einer Kundin und fragt sie:
„Weißt du eigentlich,
wie die hier die Turn-Schuhe machen lassen?
Das machen die mit Kinder-Arbeit.
In Indonesien.
Auf den Philippinen.
In Asien.
Und du kaufst diesen Scheiß?"

Sofort kommt ein Verkäufer.
„Verlassen Sie sofort unser Geschäft!"

Aber der junge Mann bleibt und ruft weiter:
„Kinder müssen diese Schuhe machen.
12-Jährige.
Für einen Hunger-Lohn.
Die Kinder werden ausgebeutet.
Damit andere ihren Reibach machen.

Raus!

Als Jule das Treppenhaus betritt,
hört sie eine Türklingel.
Es ist ihre Klingel.

Jemand klingelt Sturm.
Bei ihr an der Wohnungstür.

Langsam geht Jule die Treppe rauf.
Sie ahnt nichts Gutes.

„Da sind Sie ja endlich!"
Ihr Vermieter steht vor der Tür.

„Hier ist Ihre Räumungs-Klage.
Sie haben zwei Wochen Zeit.
Dann müssen Sie raus sein, aus der Wohnung."

Jule sieht ihn erschrocken an.

„Ich … ich muss raus?
Raus aus meiner Wohnung?
Aber es ist doch jetzt alles bezahlt.
Ich habe doch die ganze Miete nachgezahlt."

„Ja, das haben Sie.
Aber sechs Monate zu spät."

Dann drückt er Jule einen Brief in die Hand.
„Zwei Wochen, dann sind Sie hier raus!“

In der Küche setzt sich Jule auf den Boden.
In der Hand hält sie den Brief.
Traurig legt sie den Kopf in ihre Arme.

Wie soll es nun weitergehen?

Peter

Peter hat Jule ein Eis gekauft.
Er liebt es, ihre Zunge zu sehen.
Wenn Jule am Eis leckt.
Mit der feuchten Zunge.
Mit den feuchten Lippen.

Rosa Erdbeer-Eis.
Peter leckt es ab.
Von ihrem Mund.
So lange, bis sich ihre Zungen treffen.

Peter versucht, Jule zu beruhigen.
„Dann ziehst du erst einmal zu mir.
Das wird eine tolle Wohn-Gemeinschaft.
Jan wird bestimmt begeistert sein.“

„Meinst du?“, fragt Jule besorgt.
„Jan ist manchmal so merkwürdig.
So ernst.
Ganz anders als du.
Er guckt mich immer so komisch an.
Fast böse.
Da bekomme ich richtig Angst.“

„Ach was“, sagt Peter.
„Der ist manchmal so, manchmal so.

Ich kenne ihn seit 15 Jahren.
Auf den kann man sich verlassen.
Das ist ein echter Freund.
Mein bester Freund."

Schließlich ist Jule nur noch erleichtert.
Wegen der Wohnung.
Weil sie erstmal zu Peter und Jan ziehen kann.
Wird schon gut gehen.

In zwei Wochen hätte sie keine neue Wohnung gefunden.
Jedenfalls nicht hier, in Berlin.

Peter zieht Jule näher zu sich ran.
Er streichelt ihr langes, glänzendes Haar.

„Komm, lass uns gehen!
Ich zeig dir unser Bett."

Ich, Jan

Ich sitze im Bus auf der Fahrt nach Hause.
Plötzlich steigen drei Typen ein.

„Fahrkarten-Kontrolle.
Zeigen Sie Ihre Fahr-Ausweise!"

Ich hasse diese Typen.
Diese Typen, die andere rumkommandieren.

Einer von ihnen stellt sich an die Ausgangs-Tür.
Damit bloß keiner abhauen kann.
Damit sie bloß irgendeinen erwischen.
Einen, den sie fertigmachen können.
Weil er keinen Fahr-Schein hat.
Weil er schwarz-fährt.

Ich zeige meinen Fahr-Schein.
Sie lassen mich sofort in Ruhe.

Aber da hinten.
Da haben sie einen alten Mann erwischt.
Den brüllen sie an.
Fordern immer wieder seinen Fahr-Schein.

Aber er ist doch nur ein armes Schwein.
Ein Obdachloser.

Einer, der keine Wohnung hat.
Ein armer Schlucker.
Der will doch nur seinen Rotwein und seine Ruhe.
Natürlich hat er keinen Fahr-Schein.

Die Typen packen den Alten an.

„Hey! Fahr-Schein hab ich gesagt."

Einer von ihnen durchsucht den Beutel
von dem Alten.
Es sind nur leere Flaschen drin.

Der Alte sieht sie ängstlich an.
Die Typen greifen fester zu.

„Fahr-Schein, hab ich gesagt.
Bist du taub oder was?"

Der alte Mann verliert sein Gleichgewicht.

Ich kann das nicht ertragen.

Ich gehe nach hinten.

„Was soll das hier?", frage ich die Typen.

Einer versucht, mich wegzudrücken.

„Misch dich hier nicht ein!
Das geht dich nichts an."

„Lassen Sie den Mann in Ruhe!"

„Verpiss dich!", zischt einer von ihnen.

Ich drücke dem Alten einen Fahr-Schein in die Hand.
„Der Mann hat doch einen Fahr-Schein", sage ich.
„Lassen Sie ihn in Ruhe!"
Dann springe ich schnell an der Halte-Stelle raus.

Einer von den Typen rennt hinter mir her.
„Ey, du!
Willste was auf die Fresse?"

Ich drehe mich um.
Ich fühle Wut.
Kalte, zitternde Wut.

Ich drücke dem Typen meine Hände um den Hals.
Ich presse ihm die Luft ab.
Er würgt.
Ich renne weg.

Meine Hände zittern noch immer vor Wut.
Auch dann noch, als ich die Treppe zu unserer
Wohnung hochgehe.

Die Tür ist nicht verschlossen.
Peter ist also da.
Dann kann ich ihm gleich alles erzählen.
Die Tür zu seinem Zimmer steht offen.

Da sehe ich die beiden.
Da höre ich sie.
Wie sie stöhnen.

Ich sehe, wie sich Peters Hintern bewegt.
Zwischen ihren Beinen.
Zwischen ihren breiten Beinen.

Peter fasst ihr unter den Po.
Er hebt sie hoch, damit er tiefer kommt.
Sie stöhnt schneller.
Und lauter.
Wie er, wie sie, wie beide zusammen.

Mit einem lauten Knall schlage ich meine Zimmertür zu.
Ich drehe meine Stereo-Anlage auf volle Laut-Stärke.
Die Bässe sind kaum noch zu ertragen.

Schon wieder diese Jule!
Und dann auch noch mit Peter, im Bett!

Der Schlüssel

Seit Monaten träumen Peter und Jule
von einer Reise.

Eigentlich ist es Peters großer Traum:
Eine Reise nach Spanien, nach Barcelona!
Zusammen mit Jule.

Immer wieder fragt er sie zärtlich:
„Freust du dich auf unsere Reise?“

Wenn Peter das fragt,
weicht sie seinem Blick aus.

Jule würde gerne mitfahren.
Aber das Geld ...
Sie braucht dringend Geld.
Viel Geld.

„Ich lade dich doch ein“, sagt Peter dann immer.
„Ich bezahle alles, für uns beide zusammen.“

Aber Jule kann nicht einfach weg.
Sie muss Geld verdienen.
Um ihre Schulden abzuzahlen.
Diesen riesigen Berg an Schulden.
Schulden, die ihr Leben ersticken.

Deshalb kann sie nicht weg.
Und sie hat auch noch diesen Job.

Seit ein paar Wochen arbeitet Jule
im Restaurant „Gi".
Ein vornehmer Laden ist das.
Echt Schicki-Micki:
Essen und Trinken für die Reichen.
Jule bedient.

Ihre Haare hat sie zusammengebunden.
Hier trägt sie keine Jeans.
Nur weiße Blusen.
Und weinrote Schürzen.
Das Personal muss ordentlich aussehen.
Und: Der Kunde ist immer König!

An Tisch 3 haben sie Getränke bestellt.
Jule bringt die Gläser auf dem Tablett.
Sie stellt die Gläser vor die Damen und Herren.

„Bitte schön!", sagt sie freundlich und lächelt.

Eine der Damen zieht die Augen-Brauen hoch.
„Moment bitte!", sagt sie zu Jule.
„Sie haben wohl etwas übersehen."

Jule blickt über den Tisch.

Alle haben ihre Getränke.
Fragend sieht sie die Frau an.

„Wir haben Williams Christ bestellt", sagt die Dame.

Jule weiß, dass sie genau diesen Obst-Schnaps gebracht hat.
Schnaps sagt man hier natürlich nicht.
Man sagt vornehm *Obst-Brand* dazu.

„Ja", sagt Jule,
„ich habe Ihnen Williams Christ gebracht."

Die Frau sieht entnervt in die Runde.
„Aber die Gläser ...", sagt sie mit spitzer Stimme.

Jule versteht nicht:
„Was ist mit den Gläsern?"

Wieder zieht die Dame ihre Augen-Brauen hoch.
„Diese Gläser sind für Likör
und nicht für Obst-Brand.
Bringen Sie uns bitte neue Gläser.
Und ..."
Jetzt macht sie eine Pause.
„Bringen Sie uns nicht wieder denselben Brand
in den anderen Gläsern.
Dann geht das Aroma verloren."

Jule versteht die Welt nicht mehr.
Schnaps ist doch Schnaps.
Der verliert doch nicht seinen Geschmack,
nur weil er umgegossen wird.
Dieses Getue!
Diese eingebildeten Affen!

Aber Jule räumt höflich die Gläser vom Tisch.
Und macht alles so,
wie der Kunde König es will.

Jeden Abend wird es spät.
Bis alle Gäste fertig sind.
Bis endlich alle den Nachtisch haben.

Für einen Moment setzt sich Jule auf einen Stuhl.
Sofort kommt der Chef.

„Sie wissen doch, wie man sich hier
zu verhalten hat.
Stehen Sie auf!
Träumen können Sie zuhause."

Jule steht auf.
Sie spürt Wut in ihrem Bauch.

Weil sie müde ist.
Weil sie diese vielen Schulden hat.

Weil sie eigentlich nicht nach Barcelona kann.
Weil sie raus muss aus ihrer Wohnung.
Weil sie sich klein machen muss.
Vor Menschen, die in Geld schwimmen.

Und weil sie bei einem, der in Geld schwimmt,
die ganzen Schulden hat.
Monat für Monat muss sie Raten abzahlen.
Es wird noch Jahre dauern.

Endlich Feierabend!
Im Personal-Raum zieht Jule sich um.
In ihrer Jeans fühlt sie sich gleich wohler.
Und mit offenen Haaren.

Das Personal muss durch den
Hinter-Ausgang rausgehen.
Durch das Parkhaus.
Jule ist todmüde.

Da sieht sie das Auto.
Einen dicken Mercedes.
In Silber metallic.

Vielleicht gehört er den Kunden, die sie bedient hat?
Den Reichen mit dem Williams Christ?
Oder dem Typen, bei dem sie die Schulden hat?
Egal.

So ein Auto hat ihr ganzes Leben zerstört.
So ein Auto hat sie in die Schulden gestürzt.

Erst zögert Jule.
Aber nur kurz.

Dann holt sie einen Schlüssel aus ihrer Tasche.

An der Seite des Wagens setzt sie ihn an.
Von vorne nach hinten.

Langsam, ganz langsam drückt sie den Schlüssel durch den Lack.
Langsam, aber kräftig, zieht sie ihn durch das Silber.
Von vorne nach hinten.
An der ganzen Seite entlang.

Jule fühlt sich ein bisschen besser.

Die Uhr

Peter und ich gehen mal wieder auf Tour:
Die Reichen ärgern.

Eigentlich sind wir harmlos.
Wir wollen ja keine echten Einbrecher sein.

Das ist unser Prinzip:
Nie wirklich was zerstören!
Nix klauen!
Nix kaputt machen!
Keinem ein Haar krümmen!
Also keinen schlagen oder umbringen oder so.
Das ist nicht unser Ding.

Aber diesen satten, reichen Säcken mal einen
Denk-Zettel verpassen.
Das ist unser Ding.
Diesen Reichen mal die Augen öffnen:

Hallo, du da!
Siehst du überhaupt noch die Welt?
Siehst du überhaupt noch, was um dich herum
passiert?
Siehst du die Armut?
Die Kriege?
Den Hunger?

Die Verzweiflung der Menschen?

Und was tust du dagegen?

Du hast das Geld, das wir nicht haben.
Du könntest helfen.
Aber machst du es?

Natürlich haben die alle Alarm-Anlagen.
Diese Geld-Säcke.
Weil sie ja wissen, dass sie eigentlich
teilen müssten.
Und sie wissen,
dass andere scharf sind auf ihr Geld.

Wir klauen nichts.
Wir holen uns nichts aus den Villen.
Im Gegenteil:
Wir bringen was.

Wir machen alles durcheinander und bringen
eine Botschaft:
DIE FETTEN JAHRE SIND VORBEI!

Das soll ein Denk-Zettel sein:
Denkt mal nach über das Leben!
Und über eure Verantwortung!

Peter und ich suchen uns die besten Objekte aus.
Die schönsten Villen von Berlin.

Alarm-Anlagen?
Für uns kein Problem.
Peter hat jahrelang in einer Firma gearbeitet,
die solche Anlagen einbaut.
Peter hat noch alle Pläne.
Von den Häusern.
Von den Leitungen.
Von den Alarm-Anlagen.

Wir beobachten die Villen.
Wir beobachten, wer in Urlaub fährt.
Und dann schlagen wir zu.

Peter und ich, wir sind ein Team.

Jule hat keine Ahnung von dem,
was wir nachts machen.

Sie hat mal gefragt.
Wir haben gesagt:
„Wir hängen Plakate auf.
Gegen Ungerechtigkeit."

Da war sie zufrieden.
Und stolz auf uns.

Tagsüber suchen wir neue Objekte.
Neue Villen.

Mit dem Bulli fahren wir durch die Stadt.
Wir hören Musik.
Ganz laut! Ganz laut!
Wir klatschen in die Hände und lachen uns kaputt.

„Hast du mal Feuer?“, frage ich Peter.

„Ja, in der Tasche, neben der Hand-Bremse.“
Ich wühle in seiner Tasche.
„In der Seiten-Tasche“, sagt Peter.

Ich fasse in die Tasche.

Etwas Kühles rutscht zwischen meine Finger.
Silbern und schwer: eine Armband-Uhr.
Eine richtig teure, fette Armband-Uhr.

„Was ist denn das?“, frage ich Peter.
Er lacht nur und sagt:
„Ich würde mal sagen, eine Armband-Uhr.“

„Das sehe ich selber.
Woher ist die?“

„Die habe ich beim Pokern gewonnen.“

„Das glaubst du doch selber nicht, oder?"
Peter guckt mich kurz an.

„Du hast sie doch nicht etwa mitgehen lassen?",
frage ich weiter.
„Die lag da und hat mich angelächelt.
Da habe ich sie einfach mitgenommen",
antwortet Peter und lacht.

Mein Puls geht auf hundert.
„Spinnst du denn?
Wir sind doch keine normalen Einbrecher!"

Peter grinst.
„Ach, du mit deiner Moral.
Das kratzt die Reichen doch nicht.
So eine einzige, kleine Armband-Uhr.
Das tut ihnen doch überhaupt nicht weh."

„Das ist gegen unsere Absprache", sage ich.
„Das ist gegen unser Prinzip.
So was machen wir nicht."

Ich werfe die Uhr zum Fenster raus.

„Was hast du gemacht?", ruft Peter empört.
„Ich habe die Uhr aus dem Fenster geworfen",
sage ich.

Und drehe die Scheibe wieder hoch.
„Das Thema ist erledigt."

Peter gibt Gas.
„5000 Euro hast du gerade aus dem
Fenster geworfen.
5000 Euro!"

„Egal", sage ich,
„wir sind keine normalen Einbrecher.
Wir haben einen Auftrag.
Wir haben Ideen.
Wir haben Prinzipien!
Schluss! Aus!"

Peter schluckt.
Nach ein paar Minuten ist alles vergessen.

Wir fahren im Bulli.
Wir hören Musik.
Wir sind Freunde.
Und Peter drückt mir einen Kuss auf die Wange.

Anstreichen

Barcelona rückt immer näher.
Bald werden sie fahren: Peter und Jule.
Peters Traum soll in Erfüllung gehen.

Jule ist nicht wohl bei dem Gedanken an die Reise.
Die Schulden.
Sie muss doch ...
Aber sie will Peter die Freude nicht verderben.

Peter und Jule sitzen beim Frühstück.
Sie planen die Fahrt.

„Warte mal“, sagt Jule plötzlich zu Peter.
„Mein Handy klingelt.
Ich glaube, es ist im Bad.“

Zwischen der Wäsche, in ihrer Jeans,
da klingelt das Handy.
Unerbittlich.
Der Anrufer ist hartnäckig.
Er legt nicht auf.
Bis er endlich Jules Stimme hört.

Jule hört zu.
Schockiert.
Ihre Augen sind weit aufgerissen.

„Aber …“, sagt sie.
Doch der Mann unterbricht sie.

Noch einmal versucht es Jule:
„Warum denn jetzt schon?
Sie haben doch gesagt, noch zwei Wochen …“

Eine kurze, kalte Antwort.
Der Mann legt auf.

Mit Tränen in den Augen kommt Jule in die Küche.

„Was ist los?“, fragt Peter.
„Wer war das?“

„Ich kann nicht mit.“
Jule findet kaum ihre Stimme wieder.

„Das war der Vermieter.
Ich muss die Wohnung schon jetzt räumen.
Sie haben die Frist verkürzt.
Nur noch drei Tage.
Die haben sie mir noch gegeben.
Und alles muss noch gestrichen werden.
Ach, Peter …“

„Dann bleib ich auch hier“, sagt Peter
und streicht ihr zärtlich die Tränen weg.

Jule sieht ihn an.
Langsam schüttelt sie den Kopf.

„Nein, Peter.
Es war immer dein großer Traum.
Du musst fahren.
Auch ohne mich."

Peter sieht zum Fenster.
Ein Flugzeug fliegt oben durch die weißen Wolken.

„Na gut", sagt er.

„Aber dann besorge ich dir jemanden, der dir hilft.
Beim Streichen."

Haut

So ein Mist!
Ich hab verpennt.

Und Peter hat immer wieder gesagt:
„Sei bloß pünktlich, Jan!
Jule schafft das nicht alleine.“

Ich springe aus dem Bett.
Drei Stunden habe ich verschlafen.

Ab in die Jeans!
Und jetzt schnell hin!
Jule wird ganz schön sauer sein.

Als ich ankomme, steht die Tür offen.
Ich klopfe trotzdem an.

„Komm ruhig rein, Jan“, ruft Jule von drinnen.

„Ähm, Jule, es tut mir leid.
Ich hab verpennt.“

„Nicht so schlimm.
Hier ist eine Rolle für dich.
Zwei Wände habe ich schon fertig.
Aber es ist noch genug zu tun.“

Bin ich froh, dass Jule kein Theater macht.
Ich habe ja nicht absichtlich verschlafen.

Ich starre auf die Wand und auf meine Farb-Rolle.
Ich streiche und streiche.

Erst traue ich mich nicht, mich umzusehen.
Dann schaue ich manchmal zu Jule hinüber.

Unsere Farb-Rollen sind an langen Stöcken.
Denn die Räume sind hoch.
Wenn Jule sich streckt, sehe ich ihre Haut.
Zwischen T-Shirt und Jeans.
Wenn das Shirt nach oben gezogen wird.
Wenn die Jeans ein Stück nach unten rutscht.
Dann sehe ich ihre Haut.

Eine Haut, weiß wie Milch.
Wie warme Milch.
Darauf verteilt kleine braune Muttermale.

Milch-warme Haut mit Schokoladen-Punkten!
Immer wieder landen meine Augen da.

„Ich mach mal Musik", sagt Jule.

Wie gut, dass sie unser Schweigen unterbricht.
Bis jetzt haben wir kein Wort gesprochen.

„Hey, da singt ja Jeff Cole“, sage ich.
„Auf dem Konzert war ich.“

„Ich auch“, sagt Jule.

„Dann waren wir also zusammen auf
demselben Konzert.“

Wir lächeln uns an.

Ich glaube, es ist das erste Mal,
dass wir uns in die Augen sehen.
Und dass wir miteinander etwas Schönes teilen.

Ich wollte das schon immer.
Mit Jule.

Aber sie ist die Freundin von meinem
besten Freund ...

Die Schulden

Zwei große Räume haben wir geschafft.
Und wir selber sind auch geschafft. Pause!

In der Küche setzen wir uns auf den Fußboden.
Wir stecken uns Zigaretten an.

„Du hast eine tolle Wohnung.
Warum gehst du hier eigentlich raus?"

„Ich muss", sagt Jule.
"Ich kann die Wohnung nicht mehr bezahlen.
Ich brauch das Geld für was anderes."

„Für deine Schulden?"

Jule sieht mich erstaunt an.
„Woher weißt du das denn?
Hat Peter etwa gequatscht?
Der sollte das doch nicht rumerzählen."

„Ist doch nicht schlimm."
Ich versuche, Jule zu beruhigen.
„Jeder hat doch Schulden.
Ich auch."

„Aber nicht so viele wie ich."

Jule sieht traurig auf den Boden.

„Wie viele hast du denn?“
Jule schweigt.

„500?“
„1000?“

Sie sagt immer noch nichts.

„10.000?“
Ich traue mich fast nicht,
diese Summe auszusprechen.

Jule sieht mich an.
Es kostet sie Überwindung, viel Überwindung:
„95.000 Euro!
Genau genommen,
jetzt nur noch 94.500 Euro!“

„Großer Himmel!“
Ich bin fassungslos.
„Wie bist du denn daran gekommen?
Hast du eine Fabrik angezündet?“

„Ich bin einem anderen draufgefahren.
Auf der Autobahn.
Plötzlich war da ein Stau.

Der Wagen vor mir bremst.
Ich nicht.
Es war ein Mercedes.
Von einem Top-Manager.
Total teurer Wagen.
S-Klasse, in Silber metallic.
100.000 Euro hat der gekostet.
Total-Schaden.
Und ich war schuld."

„Aber dafür ist man doch versichert",
sage ich ungläubig.

„Ich nicht", sagt Jule.
„Ich war mit meinem alten Golf unterwegs.

Der TÜV war abgelaufen.
Seit drei Monaten war der Wagen
nicht mehr versichert."

Ich werde richtig sauer auf den Kerl.

„Der Typ ist doch nicht normal.
Der will von dir Knete?
Der will dein Geld?
Wer sich so einen Wagen leisten kann,
der hat auch goldene Wasserhähne.
Den kratzt eine solche Summe doch gar nicht.

Das kann der doch alles locker selber bezahlen."

Aber Jule sagt: „Ich hätte ja aufpassen können.
Und nicht während der Fahrt im
Handschuh-Fach wühlen.
Ich hab eben Scheiß gebaut.
Und jetzt muss ich dafür gerade stehen.
Er ist im Recht."

„Was ist das denn das für eine Gerechtigkeit?",
frage ich aufgebracht.

„Anstand, Ehrlichkeit.
Das bringt man uns von klein auf bei:
Du sollst nicht lügen!
Du sollst pünktlich sein!
Du sollst deine Steuern bezahlen!
Du darfst nicht im Supermarkt klauen!

Aber dieser Scheiß-Kerl,
der darf das Leben von einer jungen Frau
kaputt machen?
Und das nennt sich dann Recht und Moral?"

„Aber was soll ich denn machen?", fragt Jule leise.

„Erstens: Du musst Unrecht als Unrecht erkennen!
Zweitens: Du musst handeln!

Was dagegen tun!“

„Ich, alleine?“, fragt Jule.
„Was soll ich denn alleine dagegen tun?“

„Nicht du alleine“, sage ich.
„Du brauchst Verbündete.“

„Verbündete?
Wen denn?“

Jule sieht mich an.
Ich sehe Jule an.

„Du kannst ja mal mich fragen“, sage ich und grinse.

Essen

Wir streichen bis in den späten Abend hinein.
Wir hören Musik.
Wir reden.
Ich bin gerne mit Jule zusammen.

„Ich hab mal ausgerechnet,
wie viele Jahre ich zahlen muss."
„Und?", frage ich.
„Acht Jahre lang.
Aber nur, wenn ich rechtzeitig Lehrerin werde."

„Willst du denn Lehrerin werden?"

„Immer noch besser als Kellnerin", sagt Jule.

„Und was wolltest du vor dem Unfall werden?"

Jule schweigt.
Jule sieht aus dem Fenster.
Sie träumt.
Ein Leuchten kommt in ihre Augen.
Ein Hauch von Glück überzieht ihre Wangen.

„Ich wollte einfach nur ..."

Sie zögert.

„Ich wollte einfach nur wild und frei leben."

Sie macht wieder eine kleine Pause.

„Aber das will ja jeder Zweite.
Und dann lebt man doch nur einen
stink-normalen Alltag."

„Aber das muss nicht so sein", sage ich.
„Nur, wenn du für das Arschloch weiter arbeitest.
Dann glaubst du irgendwann an gar nichts mehr."

Fertig!
Für heute sind wir fertig.
Wir haben nicht alles geschafft.

„Wenn du noch mal Hilfe brauchst",
sage ich zu Jule, „dann ruf einfach an."
Jule ist erleichtert.

„Und was machst du jetzt?", frage ich sie.

„Ich schlafe bei einer Freundin.
Und du?"

„Ich koche mir was."
Wir schweigen.
Wir warten.

„Willst du vielleicht was mitessen?“, schlage ich ihr vor.

Sie wartet keine Sekunde:
„Ja, gerne. Ich komme mit.“

Ich koche gerne.
Und ich kann gut kochen.
Ich sehe, dass es Jule schmeckt.

„Du kochst supergut“, sagt sie.
„Du hast bestimmt einen Riesen-Erfolg bei den Frauen.“

Ich werde rot.

Nach dem Essen rauchen wir zusammen.
Wir reden.
Es ist gemütlich.
Wir sitzen zusammen.

Fast wie ein verliebtes Pärchen.

Polizei

Am späten Abend mache ich mich wieder
auf den Weg.
Diesmal bin ich alleine.
Peter ist irgendwo in seinem Barcelona.

Ich fahre mit dem Bulli in die Gegend mit den Villen.
Eine der Villen beobachte ich über den Bild-Schirm.

Dabei höre ich Musik.
Über Kopf-Hörer.
Laut!

Ich höre nichts als Musik.
Die Musik, die ich mit Jule beim Anstreichen
gehört habe.

Ich beobachte die Villa und träume von Jule.
Sie ist so wunderschön.
Ich denke an ihre Haut.
An ihr glänzendes Haar.
An ihren Mund mit den vollen, roten Lippen.

Verdammt!
Licht von einer Taschenlampe!

Ich mache schnell den Bild-Schirm aus.

Ich ziehe die Verdunkelung fester zu.
Ich krieche unter das Bett-Zeug.
Ich halte den Atem an.

Wieder der Schein von der Taschenlampe.

Schritte gehen um den Wagen herum.
Es müssen zwei Männer sein.
Einer leuchtet in den Fahrer-Raum.
Durch einen Spalt an der Verdunkelung
sehe ich das Licht.
Verdammte Scheiße!
Bullen!

„Mach mal eine Halter-Nachfrage",
sagt einer der Polizisten.
„Frag mal, wem die Kiste gehört."

Der andere ruft auf der Wache an.

Ich ersticke fast unter dem schweren Bett-Zeug.
Schweiß-Perlen laufen mir am Rücken entlang.

„Ist o.k.", ruft der Polizist.
„Der Wagen ist nicht als gestohlen gemeldet.
Ist wohl nur zum Parken hier abgestellt."

Die Schritte entfernen sich.

Ein Motor springt an.
Sie fahren weg.

Erst nach einer langen Zeit krieche ich
aus meinem Versteck.
Glück gehabt!

Bloß weg hier!

Tapeten

Am nächsten Morgen treffe ich Jule wieder
in ihrer Wohnung.

„Warum musst du denn jetzt auch noch tapezieren?
Der hat dich doch rausgeschmissen?“

„Steht so im Miet-Vertrag“, sagt Jule.
Ich kriege die Kaution nur dann wieder,
wenn ich die Wohnung komplett renoviere.
Sonst behält der Vermieter das Geld.
Das Geld, das ich am Anfang als Sicherheit
zahlen musste.“

Jule streicht die Tapeten ein.

„Der Kleber ist nicht flüssig genug.
Komisch, ich habe doch alles so gemacht,
wie es auf der Packung steht.“

Der Pinsel bleibt hängen, auf dem Papier.
„Schon wieder Falten.
So ein Mist!
Der Kleber ist viel zu trocken.“

Ich reiche ihr die Tapete hoch zur Leiter.
Jule fasst daneben.

Die Tapete fällt mir auf den Kopf.
Eine andere Tapete kommt runter.

„Ein Scheiß ist das!", rufe ich.
Aber Jule lacht.
Und klettert von der Leiter.
Schon wieder rutscht eine Tapete von der Wand.

Jule hängt sie mir um die Schulter.
Da schnappe ich mir Jule,
zusammen mit der Tapete.
Wir tanzen zur Musik.

Ich drehe Jule in die Tapete ein.
Wie eine Mumie lacht sie mich an.
Eingewickelt von oben bis unten.
Ich mache ein Foto. Klick!
Sie lacht so schön.

Dann werfen wir mit den Tapeten umher.
Wie bei einer Kissen-Schlacht.
Jule schüttet den Kleber an die Wand.
„Ich scheiß auf die Kaution!", ruft sie.

Ich laufe in die Küche.
Ich hole Ketchup.
Wir spritzen das rote Zeug auf die Wand.
Wir schmieren mit den Händen in der roten Soße.

Dann schreibe ich mit Ketchup-Farbe:
Jedes Herz kann sich empören und die Welt verändern!

Klick! Klick!
Ich mache Fotos von Jule vor der Wand.

Wir sind wild!
Wild und frei!

Für einen Moment.

Einfach nur glücklich!

Rauchen

„Entschuldigung!“, sagt Jule zu den Gästen.

Entschuldigung muss sie immer wieder sagen.
Zu den Gästen, die ihr den Weg versperren.
Mit ihren Cocktail-Gläsern in der Hand.
Sie muss mit den Tellern an ihnen vorbei.
Die Gäste sind genervt.
Weil sie Platz machen müssen, für eine Kellnerin.

Das „Gi“ ist heute Abend voll bis zum Platzen.
Auf dem Weg von der Küche stehen die Gäste.
Sie warten auf einen freien Tisch.

„Entschuldigung! Darf ich bitte vorbei!“

Jule serviert die feinen Speisen.
Immer freundlich.
Immer freundlich!

Der Chef geht leise an ihr vorbei und zischt:
„Deine Haare!“

Jules Haare sind aus dem Gummi gerutscht.
Eine Strähne hängt ihr ins Gesicht.
„Ja, ich weiß“, sagt sie.
„Ich mach sie gleich wieder fest.“

Jule geht in die Küche zum Koch Paolo.
Sie gibt ihm eine Zigarette.
„Lass uns mal eine kleine Pause machen."

Paolo lacht sie an.
„Aber eigentlich müssten wir draußen rauchen."

„Dann sagt der Chef doch nur,
dass wir uns vor der Arbeit drücken."
Jule gibt ihm Feuer.
Beide genießen die tiefen Züge.

Plötzlich geht die Tür auf.
Jule läuft schnell in Richtung Tür.
Fast in das Gesicht vom Chef läuft sie hinein.

„Bist du denn ganz gescheit?", sagt er sauer.
„Der Laden ist voll, und du bist hier in der Küche?"

„Ich wollte mir nur die Haare machen."

Jule versucht, von Paolo abzulenken.
Und vor allem von den Zigaretten.

In dem Moment sieht der Chef den Rauch.

Er rast auf Paolo zu.
„Bist du verrückt?

Du kannst doch nicht in der Küche rauchen?"

„Chef, ich wollte nur ..."

Paolo kommt nicht zum Weiter-Reden.

„Du packst deine Sachen!", sagt der Chef zu Paolo.

Jule geht dazwischen:
„Chef, ich bin schuld.
Ich habe Paolo zum Rauchen gedrängt.
Er kann nichts dafür."

Der Chef sieht sie an.
Kochend vor Wut.
„Dann kannst du gleich mitgehen.
Ich will euch beide hier nicht mehr sehen."

Paolo ist am Boden zerstört.
Er braucht die Arbeit.
Genauso wie Jule.

Nacht-Gedanken

Jule erzählt mir die Sache mit dem Chef.

„So ein Mist“, sagt sie.
„Warum kann ich denn nie meine Klappe halten?“

„Ich finde es gut, dass du dich eingemischt hast.
Ist doch gut, dass du für Paolo eingetreten bist.“

„Aber jetzt haben wir beide keinen Job mehr.
Paolo nicht, und ich auch nicht.“

Ich sehe Jule an.
Sie sieht so enttäuscht aus.
Sie weiß nicht, wie es weitergehen soll.

„Jule, du gehst auf Demos gegen Ausbeutung.
Auf Demos gegen Ungerechtigkeit.
Du kämpfst gegen das Unrecht auf der ganzen Welt.
Und gleichzeitig lässt du dich selber ausbeuten.

Du lässt dir sogar verbieten,
dich auf einen Stuhl zu setzen.
Wenn du müde bist.
Du lässt dir das Rauchen verbieten.
Wie man Kindern das Rauchen verbietet.
Da stimmt doch was nicht, oder?“

„Du hast Recht, Jan.
Die Demos bringen sowieso nichts.
Die Mächtigen bleiben immer mächtig.
Die Armen bleiben immer arm.
Und die Reichen werden immer reicher.

Vor uns haben schon so viele das versucht,
was wir machen.
Und was haben sie erreicht?
Nicht viel mehr als wir.
Eigentlich nichts."

Ich denke da ein wenig anders.
Klar: Demos bringen nicht viel.
Deshalb machen Peter und ich ja auch
andere Aktionen.

Wir verpassen den Geld-Säcken einen Denk-Zettel.
Wir gehen direkt zu ihnen.
Wir mischen ihren Alltag mal richtig auf.
Wir machen die unruhig.
Bringen alles bei ihnen durcheinander.

Aber das kann ich ja Jule nicht erzählen.
Das ist das Geheimnis von Peter und mir.

Jule sieht mich traurig an:
„Kann man denn gar nichts bewegen?

Können wir gar nichts verändern in dieser Welt?“

„Doch“, sage ich.
„Andere vor uns haben sich gegen Unrecht eingesetzt.
Und wenn wir das jetzt auch machen,
dann überleben wenigstens die guten Ideen.

Ist doch besser, als jeden Abend vor der Glotze
zu hängen.
So wie jetzt zum Beispiel.
Um diese Uhrzeit sitzt fast jeder in dieser Stadt
vor dem Fernseher.
Die meisten interessieren sich überhaupt nicht für
das, was das wirkliche Leben ist.“

„Jan, ich weiß nicht mehr,
woran ich glauben soll.
Ich habe keine Ideale mehr.
Keine wirklich wichtigen Ziele für mein Leben.
Hast du eine Idee, was ich dagegen tun könnte?“

„Ja“, sage ich zu Jule.
„Komm mit!“

Nacht-Fahrt

Jule sitzt neben mir im Bulli.
Wir hören Musik.
Wir fahren durch die Nacht.

„Wo fahren wir hin?“, fragt sie mich neugierig.
Ich drehe die Musik etwas leiser.

„Hast du dich schon mal gefragt,
was Peter und ich nachts machen?“

„Wieso?“, sagt Jule.
„Weiß ich doch:
Plakate aufhängen.“

„Nö“, sage ich.
„Wir sehen uns Villen an.“

„Bitte- was?“, fragt Jule.

„Wir sehen uns Villen an.
Und wenn sie uns gefallen,
sehen wir sie uns genauer an.“

„Und warum?
Macht ihr dann schöne Fotos davon?
Und klebt sie in ein Album?“

„Nein“, sage ich.
„Wir brechen dort ein. Aber wir klauen nichts.
Einbrecher sind die ja gewöhnt.
Die sind sowieso dagegen versichert.“

Jule sieht mich mit großen Augen an.

„Wir gehen in die Häuser.
Und wir verrücken die Möbel.
Wir bringen alles durcheinander.
Und dann hinterlassen wir die Botschaft:
DIE FETTEN JAHRE SIND VORBEI!

Oder manchmal legen wir auch einen Zettel hin:
SIE HABEN ZU VIEL GELD!
DIE ERZIEHUNGS-BERECHTIGTEN!

Die sollen ein schlechtes Gewissen kriegen.
Damit sie anfangen, nachzudenken.

Peter hat mal in einer Firma gearbeitet.
Für Alarm-Anlagen.
Peter hat die Dinger selber angebracht.
Der kennt sich aus.
Da kann nichts schief gehen.“

„Und wo fahren wir jetzt hin?“,
fragt mich Jule neugierig.

„Na, zu einer tollen Villa! Wohin sonst?“

Jule liest die Straßen-Schilder.
„Warte mal!“, ruft sie plötzlich.
Ich trete auf die Bremse.

„Hier, in dieser Straße“, sagt Jule aufgeregt.
„Hier wohnt das Arschloch.
Der Typ, dem ich das Geld schulde.
Das ist genau die Straße, in der er wohnt!“

Jule will, dass ich in Richtung See fahre.

Unten am See ist die Villa.
Die Villa von dem Typen.
Von dem Mann, der Jules Leben zerstört.

„Lass uns mal gucken!“, sagt Jule.
„Nur einmal kurz ansehen.“

Ich parke den Bulli, in einer Seiten-Straße.
Langsam gehen wir in Richtung Villa.

Der Briefkasten ist voll.
Die Post fällt vorne raus.
Die Roll-Läden sind unten.

„Die sind ganz bestimmt weg“, sagt Jule.

„Ich will da rein.
Ich will sehen, wie der Typ wohnt.“

Ich halte sie zurück.
„Nein, das ist zu riskant.
Das machen wir nicht!“

Ich ziehe Jule fester am Arm.

„Aber da ist doch keiner“, flüstert Jule.
„Sieht man doch sofort.
Ich will da rein.“

Jule reißt sich von meinem Arm los.

„Jule“, rufe ich warnend.

Aber Jule ist schon in den Garten gelaufen.
Ich laufe hinterher.

Durch den Keller

„Krass!“, sagt Jule.
„Guck dir das mal an:
Der wohnt direkt am See.
Mit Boot und Privat-Steg.“

Jule schleicht näher in Richtung Haus.
Ich will sie zurückhalten.
Aber Jule ist wie besessen.

„Wo würde man am besten einsteigen?“,
fragt sie mich.
„Ich weiß nicht.
Lass uns abhauen, Jule!“

Aber Jule gibt nicht nach.
„Da vorne, da ist ein Keller-Fenster.
Lass uns rein, Jan.
Da ist doch keiner.“

„Das weiß man nicht“, sage ich.

Ich mache ein Foto von dem Keller-Fenster.
Vielleicht mal für später.

Aber Jule drängt weiter.
„Sei doch kein Spiel-Verderber, Jan! Los, komm!“

Sie zieht mich noch näher an das Haus heran.
„Lass uns einsteigen!"

„Nein, Jule.
So was können wir nur mit Peter zusammen machen."

„Ich denke, du bist ein Profi.
Ich denke, du kennst dich aus."

Jule drängt mich weiter.

„Na gut", sage ich.
„Aber nur, wenn das Haus auf unserer Liste steht.
Nur, wenn die Alarm-Anlage von Peters Firma ist."

„Einverstanden!", sagt Jule.

Ich laufe zum Bulli.
Ich sehe in der Liste im Computer nach.

Treffer!
Straße und Hausnummer stehen auf unserer Liste.
Daneben ist der Plan von der Alarm-Anlage.

Ich schnappe mir das Werk-Zeug.
Und die zwei schwarzen Masken.
Ich laufe zurück zu Jule.

„Voll-Treffer.
Die Alarm-Anlage wurde von
Peters Firma eingebaut.
Wenn ich das Fenster aufhabe,
dann habe ich noch 30 Sekunden Zeit,
um das Ding abzustellen.
Genau 30 Sekunden!"

Jule sieht mich begeistert an.
Sie hat keine Angst.
Sie ist nur aufgeregt.
Es juckt ihr in den Händen.
Sie will rein.
Nur rein in das Haus von dem Typen.

Mit dem Glas-Schneider zeichne ich einen Kreis
auf die Scheibe.
Dann nehme ich den Saug-Napf.
Den Saug-Napf mit dem Griff.
Ich setze ihn in die Mitte von dem Kreis.

Ich drücke das Gummi auf den Kreis in der Scheibe.
Dann schneide ich mit dem Glas-Schneider an der
Linie entlang.

Ich ziehe an dem Griff.
Das Glas löst sich.
Perfekt!

Das Loch ist groß genug.
Durch das Loch kann ich das Fenster öffnen.

30 Sekunden habe ich jetzt.
30 Sekunden bis der Alarm losgeht.

Ich höre ein leises Piepen.
Das ist sie.

Noch 17 Sekunden.
Die Alarm-Anlage ist in einem Metall-Schrank an der Wand.

Noch 15 Sekunden.
Ich bohre blitz-schnell das Schloss auf.
Ich öffne den Schrank.

Das Piepen wird lauter.
Und schneller.

Noch 5 Sekunden.
Ich ziehe das Kabel.

Geschafft!
Ich wische mir den Schweiß von der Stirn.

Dann winke ich Jule, dass sie reinkommen kann.
Jule steigt durch das Fenster ein.

Sie sieht sich um.
Sie kommt kaum aus dem Staunen heraus.
„Krass!“, sagt sie.
„Guck dir mal den Pool an!“

„Komm!“, sage ich.
„Wir müssen erst nachsehen,
ob wirklich keiner da ist.“

Ich ziehe Jule hinter mir her.
Ich leuchte in die Räume.
Die Luft ist rein.
Keiner da!
Ich mache das Licht an.

„Ey, spinnst du?“, sagt Jule.

„Das fällt nicht so auf“, sage ich.
„Nicht so wie das Flackern
von einer Taschenlampe.“

Wir sehen uns um.
Wir können es kaum glauben:
Ein Haus wie ein Schloss.
Feine Teppiche.
Antike Möbel.
Teure Gemälde.
Fußböden aus Marmor.

„Der hat Geld wie Heu", sagt Jule.

In der Garage stehen drei dicke Autos.
Einer davon ist ein Rolls-Royce.

„Nicht unter 300.000 Euro zu kaufen", sage ich.
„Und du sollst dem ein Auto finanzieren?
So ein Typ, der darf dich ruinieren?"

„Komm, lass uns anfangen!", sagt Jule.

Wir stapeln Stühle aufeinander.
Wir bauen Türme aus Möbeln und Bildern.
Wir schieben die Schränke von den Wänden.

„Guck mal, das ist das Arschloch."
Jule zeigt mir ein Foto im Bilder-Rahmen.
„Der braucht mal eine Abkühlung."

Sie legt das Foto in den Kühlschrank hinein.
Wir lachen und toben. Wie kleine Kinder.
Von Zimmer zu Zimmer.
Wir bringen das ganze Haus durcheinander.
Dann legen wir den Zettel auf einen
umgekippten Schrank:

SIE HABEN ZU VIEL GELD!
DIE ERZIEHUNGS-BERECHTIGTEN!

Das Sofa

„So, Jule, jetzt nichts wie weg!“

Aber Jule bleibt stehen.
Sie sieht mich an.
Merkwürdig sieht sie aus.
Wie im Rausch.
Vielleicht ist ihr alles zu Kopf gestiegen?
Vielleicht hat sie am Abend zu viel getrunken?
Ihre Augen sind glasig.

„Warte, Jan.
Lass uns noch was machen!
Irgendeine ganz verrückte Sache.
Lass uns das Sofa in den Pool schmeißen!“

„Du spinnst“, sage ich.
„Lass uns gehen!“

Aber ich sehe das Leuchten in ihren Augen.
Und ich will, dass Jule glücklich ist.
Außerdem ist die Idee ja wirklich witzig.

„O.k.“. Ich nicke.
„Aber danach hauen wir ab.“

Wir schleppen das weiße Sofa die Treppe runter.

„Mann, ist das schwer."

Jule zieht ihre Jacke aus.
Dann geht es weiter in Richtung Pool.

Wir schaukeln das Sofa, um Schwung zu holen.

„Eins, zwei, drei!"

Jule wirft und lässt los und bringt mich
zum Stolpern.
Zusammen mit dem Sofa stürze ich in den Pool.

Mit klatsch-nassen Haaren tauche ich auf.
Klatsch-nass sind auch meine ganzen Klamotten.
Jule ist erschrocken und reicht mir ihre Hand.

Da ziehe ich sie zu mir ins Wasser hinein.
Sie quiekt, schreit, lacht.
Wir drücken uns gegenseitig unter Wasser.
Wir prusten und springen in dem Pool umher.

Jules Schulter ist nackt.
Das T-Shirt ist über ihre Haut gerutscht.
Ich sehe ihre Schulter.
Ihren Hals.
Sie schaut mir in die Augen.
Sehnsüchtig. Verlangend.

Ich nehme Jules Kopf zwischen meine Hände.
Ich berühre ihre Lippen mit meinem Mund.
Sie zieht nicht zurück.

Sie öffnet ihren Mund.

Vorsichtig tasten unsere Zungen.
Behutsam.
Erst langsam.
Dann schneller.

Wir drücken unsere nassen Körper aneinander.
Ich spüre ihre Brüste.
Ihre Beine.

Sanft sage ich zu ihr:
„Warte, ich komm gleich wieder."

Flucht

Im Badezimmer ziehe ich mir die Klamotten aus.
Ich sehe in mein eigenes Spiegel-Bild.

Für eine Sekunde muss ich an Peter denken.

„Das kannst du nicht bringen",
sage ich zu mir selbst.
Für eine Sekunde habe ich ein schlechtes Gewissen.

Aber die Sehnsucht ist stärker.
Die Sehnsucht nach Jule.
Nach Jules Haut.

Auch Jule hat sich ausgezogen.

Im Bade-Mantel steht sie vor dem Kühlschrank.
Sie sucht etwas zu trinken.

Erst nimmt sie eine Flasche Wein.
Sie liest das Etikett.
Es gefällt ihr nicht.
Sie lässt die Flasche auf den Boden fallen.

Dann nimmt sie die nächste Flasche.
Dasselbe.
Die Flasche zerbricht auf dem teuren Marmor.

Sie nimmt eine andere Flasche.
Teurer Sekt.
Echter Champagner.
Jule öffnet die Flasche, mit einem lauten Knall.
Sie nimmt einen tiefen, vollen Zug.

Dann geht sie raus auf die Terrasse.
Mit Blick auf den See.

Gleich wird Jan sie in die Arme nehmen.
Sie werden zusammen versinken.
In ihren beiden Körpern.
Wild und frei!

Plötzlich: ein Knall!
Ein Schein-Werfer leuchtet auf.
Tag-helles Licht blendet Jule.
Mitten ins Gesicht.

Hunde bellen von überall her.
Voller Schrecken rennt Jule ins Haus hinein.

„Jan", schreit sie.
„Jan, wir müssen abhauen!
Da ist jemand.
Schnell, mach voran!"

Atemlos suchen wir unsere Klamotten zusammen.

Eine Socke liegt noch auf dem Boden vom Pool.
Ich springe schnell hinein.
Ich tauche nach unten.

Jule rennt aufgeregt durch das Haus.
Überall haben wir unsere Sachen verstreut.

Schließlich rennen wir nach draußen.
Nass und halbnackt.
Mit den Klamotten in den Armen.

„Los, schnell zum Bulli!"
Ich ziehe Jule mit.

Ich starte den Wagen.
Ich gebe Gas.
Nicht zu schnell.
Wir dürfen nicht auffallen.

„Scheiße", flucht Jule.
„Da vorne, die Bullen."

Vorne an der Kreuzung steht ein Streifenwagen.
Er kommt von links.
Wir müssen geradeaus.

„Wenn die uns anhalten, Jan.
Du halbnackt.

Ich im Bademantel.
Die wissen doch sofort: Hier stimmt was nicht."

Ich halte die Luft an.
Ich versuche, so normal wie möglich zu fahren.
Wir fahren an dem Wagen vorbei.

Ich sehe in den Rück-Spiegel.
Die Bullen biegen ab.
Aber nicht in unsere Richtung.
Nicht hinter uns her.

Wir atmen auf. Glück gehabt!
Nach dem Schrecken stelle ich erst mal Musik an.

„Das hat verdammt viel Spaß gemacht!"
Jule strahlt über das ganze Gesicht.

Wir waren wild und frei!
Ja, wild und frei.
Wir beide zusammen.

Wir singen zur Musik.
Wir tanzen im Sitzen.
Wir lachen.
Jule küsst mich.

Wir sind einfach nur glücklich.

Am nächsten Tag

„Hola, amigo!
Hallo, mein Freund!“

Ich werde von Peters Stimme geweckt.
Er haut mir auf die Schulter.

„Ey, du Penner, wach werden!“

Ich brauche eine Minute, um richtig zu verstehen.
So ein Mist! Peter ist zurück.
Sofort habe ich ein dickes Schuld-Gefühl.

„Mann, ist Barcelona irre!
Das hättest du erleben müssen.
38 Grad. Und nur Sonne.

Die ganze Stadt ist eine einzige Party.
Du hast echt was verpasst.“

Dann packt Peter etwas aus.
„Guck mal, das habe ich Jule mitgebracht.“

Er zeigt mir ein Seiden-Unterhemd.
Schwarze, fast durchsichtige Seide.

„Was meinst du, wird das Jule gefallen?“

Ich schlucke.
„Ja, ja …“, stottere ich.
„Es wird ihr bestimmt sehr gut stehen.“

Verdammt, Jule wird gleich kommen.
Hierher, in Peters und meine Wohnung.

In dem Moment dreht sich der Schlüssel in der Tür.
Jule kommt rein.

Peter zieht sie zärtlich an sich.

„Oh“, sagt sie.
„Hallo Peter.
Du bist wieder zurück?“

„Siehst du doch, meine Süße.
Und ich bin ganz heiß auf dich.“

Jule wirft mir einen schnellen Blick zu.
Einen Blick voller Angst und Schrecken.

Aber Peter schiebt sie in sein Zimmer.
Das Seiden-Hemd hat er in seiner Hand.

Das Handy

Am Abend sitzen wir zusammen am Tisch.
Peter hat spanischen Wein mitgebracht.
Er will mit uns seine Rückkehr feiern.

Jule stößt mich unter dem Tisch mit dem Fuß an.
Sie gibt mir Zeichen.
Aber ich verstehe sie nicht.

Endlich geht Peter in sein Zimmer.
Er hat noch Oliven mitgebracht.
Er will sie aus seinem Rucksack holen.

„Ich muss dringend mit dir sprechen“, zischt Jule.
„Ich hab mein Handy in der Villa vergessen.
In meiner Jacke. Die hatte ich ausgezogen.
Die liegt da noch irgendwo.
Und in der Jacke ist mein Scheiß-Handy.“

Mir wird richtig übel.
Wenn sie das Handy finden,
dann sind wir geliefert.
Dann wissen sie sofort,
wer im Haus war.

„Wir müssen es holen“, flüstere ich.
„Heute Abend noch!“

Peter kommt in die Küche zurück.
„Na, dann mal hoch die Tassen!
Prost, ihr beiden. Auf Barcelona!
Und auf uns drei!“

Kurz vor Mitternacht steht Jule auf.
Sie will bei ihrer Freundin übernachten.
Das hatte sie ihr versprochen.

Peter gibt ihr zum Abschied einen Kuss.

Ein paar Minuten warte ich ab.
Dann sage ich zu Peter:
„Ich geh mir noch mal die Beine vertreten.
Einmal um den Häuser-Block.
Ich brauche ein bisschen frische Luft.
Habe zu viel gesessen heute.“

„O.k.“, sagt Peter.
„Ich hau mich in die Falle.
Bin todmüde.
Ich muss ins Bett.“

„Ja, dann bis morgen früh.
Schlaf gut.
Und träum süß von Barcelona.“

Erleichtert ziehe ich die Wohnungstür zu.

Böse Überraschung

Ich fahre mit dem Bulli um die Ecke.
Jule wartet dort auf mich.

Ich halte kurz an.
Sie steigt ein.

„So ein Mist, Jan.
Wie konnte ich nur so dämlich sein."

„Wir müssen das Ding da wieder rausholen",
sage ich.

„Aber wenn die schon zurückgekommen sind?
Wir können da nicht wieder hin, Jan.
Ich hab ein total ungutes Gefühl."

„Wir haben keine andere Wahl, Jule.
Wir müssen es versuchen."

In der Villa ist kein Licht.
Die Fenster sind noch zugezogen.
Der Park-Platz vor der Villa ist immer noch leer.

„Ich glaub, die sind noch weg."

„Aber wenn die gleich zurückkommen?"

Jule zittert.
Jule hat Angst.

„Ist doch scheiß-egal,
das mit meinem Handy.
Lass uns abhauen, Jan!
Das geht nicht gut.
Ich hab ein Scheiß-Gefühl."

Jule macht mich nervös.
Ich werde ungeduldig.

„Verdammt noch mal!
Kapierst du das denn nicht?

Der Kerl kennt dich doch.
Der kennt deinen Namen.
Deine Adresse.
Du kommst in den Knast!"

Erschrocken sieht mich Jule an.
Auf einmal wird ihr klar,
wie ernst es um sie steht.
Sie nickt leise.

Wir steigen noch einmal in das Keller-Fenster ein.
Im Haus ist kein Laut zu hören.
Wir schleichen leise von Raum zu Raum.

Das Sofa liegt im Pool.
Die Möbel sind aufgetürmt.
Alles ist durcheinander.
So, wie wir es hinterlassen haben.

„Hier war noch keiner“, sage ich.
„Und wo ist jetzt deine Jacke?“

„Sie muss noch auf der Treppe liegen.“

„O.k., guck du schon mal nach!
Ich muss noch nach oben.
Finger-Abdrücke wegwischen.
Im Bad hatte ich keine Hand-Schuhe an.“

Jule sucht ihre Jacke.
Ich renne nach oben.
Wir wollen hier schnell wieder raus.
Wir sind angespannt.

Und deshalb bekommen wir auch nicht mit,
dass ein Wagen vorfährt.

„Ich hab es!“, ruft Jule.
„Ich hab das Scheiß-Handy.“

„Ich komm sofort“, schreie ich von oben.
„Ich wische hier noch was weg.“

„Mach schnell, Jan!“

„Was machen Sie denn hier?“

Jule dreht sich um.

Da steht er!
Mitten in der Tür!
Der Typ, der hier wohnt.
Der Typ mit dem Mercedes.
Jule starrt mitten in sein Gesicht.

„Ich kenne Sie doch!“
Der Mann kommt auf Jule zu.

Jule will weglaufen.
Der Mann hält sie fest.

„Jan!“, schreit Jule.
„Hilfe, Jan!“

Sie schlägt.
Sie tritt.
Aber der Mann ist viel stärker als sie.

„Jan!“

Ich renne nach unten.

Ich sehe, wie der Typ sie festhält.
Wie Jule versucht, sich zu wehren.

Er tut ihr weh.
Ich schlage zu.
Mit der schweren Taschenlampe schlage ich zu.

Der Typ sackt zusammen.

Angst

„Atmet er noch?“, fragt Jule.

Ich beuge mich über den Mann.

Um die 50 ist er.
Gepflegt.
Brillen-Träger.
Ein großer Kerl.
Ein starker Kerl.

Aber er liegt da wie ein Sack.
Regungslos.

Ich fühle nach seinem Puls.
Ob das Herz noch schlägt.
Ich fühle an seinem Mund.
Ob er noch atmet.

Mein eigener Puls rast.

„Ja, er atmet noch.“

„Wir müssen den Not-Arzt rufen“, sagt Jule.

„Bist du verrückt?
Dann kannst du auch gleich die Polizei anrufen.“

„Aber wir können ihn doch nicht verrecken lassen.
Der stirbt vielleicht.
Was sollen wir denn jetzt machen?"

„Das weiß ich doch auch nicht!", schreie ich Jule an.

„Komm, lass uns gehen!", sagt Jule.

„Hat er dich gesehen?"

Jule nickt.

„Hat er dich erkannt?"

„Ja."

„Dann können wir nicht abhauen.
Denk doch mal nach!"

„Aber was dann?"
Jule schreit mich an.

Ich laufe hin und her.
Mir ist schlecht.
Ich weiß nicht mehr weiter.
Wir schreien uns an, wie hilflose Kinder.

Wie sollen wir nur aus dieser Scheiße rauskommen?

Was haben wir uns da eingebrockt?

Von wegen Erziehungs-Berechtigte:
Andere wollen wir belehren.
Ihnen sagen, wo es lang geht.
Andere erziehen.

Und jetzt stehen wir hier.
Und machen uns in die Hosen.
Vor Angst.
Und vor Verzweiflung.
Weil wir nicht mehr weiterwissen.

Und vor uns liegt der Typ auf dem Boden.

„Ruf Peter an!“, sagt Jule.
„Vielleicht weiß Peter einen Ausweg.“

Ich nehme mein Handy.
Wenn ich Peter jetzt anrufe,
dann muss ich ihm alles sagen.
Dann muss ich ihm alles gestehen.
Dann erfährt er, dass Jule und ich ...

„Ruf du ihn an!“, sage ich zu Jule.
Ich gebe ihr mein Handy.

Es dauert, bis Peter sich meldet.

Sicher pennt er tief und fest.

Endlich ist er dran.

„Peter“, sagt Jule.
„Jan und ich sitzen in einer großen Scheiße.
Komm her, so schnell du kannst!“

Die Hütte

Peter hat erst einmal nichts verstanden.

„Was?
Villa?
...
Du und Jan?
Was macht ihr denn da?
...
Fast tot?
Wieso?
...
Ach du Scheiße!
O.k., ich komme!“

Wir atmen auf, als Peter endlich da ist.

„Wir müssen den Typen erst mal fesseln“, sagt Peter.
„Bevor er wach wird.“

„Wieso fesseln?“, fragt Jule entsetzt.

„Damit der Typ nicht abhaut.
Und zu den Bullen rennt.“

„Und wenn der verblutet?
Innerlich? Im Kopf oder so?“

Jule ist weiß wie eine Wand.

„Der ist nur ohnmächtig“, sagt Peter.
„Wenn der wach wird,
dann muss der gefesselt auf einem Stuhl sitzen.
Und dann sehen wir weiter.“

Ich bin froh, dass Peter da ist.
Und ich bin froh,
dass er uns keine Fragen stellt.

Wir schleppen den schweren Kerl zu einem Stuhl.
Wir fesseln ihn.
Mit allem, was wir finden können.

Plötzlich macht er die Augen auf.

Es dauert eine Weile,
bis er weiß,
wo er ist.
Bis er sich erinnert,
was los ist.

„Hauen Sie doch einfach ab!“,
sagt der Mann zu uns.
„Ich lasse die Polizei aus dem Spiel.
Ich verspreche es Ihnen:
Sie können abhauen.

Ich unternehme nichts.
Wir können uns doch einigen."

Plötzlich ruft Jule:
„Scheiße!
Der hat ja ein Handy!"

Peter sieht nach.
„So ein Mist!
Der hat schon 110 gewählt.
Der hat die Bullen angerufen.
Wahrscheinlich, als wir kurz draußen waren.
Schnell! Wir müssen weg!"

„Und der da?", frage ich.

Peter sieht mich an.
„Der muss mit!"

Jule ist entsetzt.
„Nee, bei einer Entführung, nee,
da mache ich nicht mit."

„Was willst du denn sonst machen?
Mit ihm zusammen auf die Bullen warten?"

Jule packt die Sachen zusammen.
„Mein Onkel hat eine Hütte.

In den Bergen.
Das ist weit weg genug von hier.
Ich habe einen Schlüssel.
Da könnten wir erst mal hin."

Alle sehen sich an.
„Los, wir müssen ihn in den Bulli bringen!", sagt Peter.

In den Bergen

Peter fährt.
Kilometer um Kilometer auf der Autobahn.
Jule und ich sitzen vorne neben ihm.
Der Mann liegt gefesselt hinten im Bulli.
Seinen Mund haben wir mit
Klebeband verschlossen.

„Der Typ heißt Hardenberg", sagt Jule.
„Den Namen werde ich nie vergessen.
Der hat mir mein ganzes Leben versaut.
Ich wollte nie Schulden haben.
Ich wollte nie einbrechen.
Ich wollte nie einen Menschen entführen.
Nicht einmal ein Arschloch."

Wir tanken.
Wir gehen pinkeln.
Peter steht neben mir:
„Was hast du dir dabei eigentlich gedacht?"

Das fragt er mich.
Und ich weiß nicht,
ob er damit nur die Sache mit Hardenberg meint.

Vielleicht ahnt er etwas von der Sache mit mir
und Jule?

Vielleicht will er wissen,
was zwischen uns war?
Wir haben Peter nichts erzählt.
Nichts von uns beiden.

Ich schweige. Ich schäme mich.
Aber ich glaube, Peter ahnt nichts.

Die Fahrt ist lang.
Von Berlin bis in die Berge.
Das ist kein Katzen-Sprung.
Aber schließlich kommen wir doch an.

Das letzte Stück müssen wir zu Fuß gehen.
Es gibt keine Straße bis zur Hütte hinauf.

„Je einsamer, desto besser", sagt Peter.

Wir befreien Hardenberg von seinen Fesseln.
Mit Taschenlampen gehen wir
durch die Dunkelheit.

„Seid vorsichtig!", sagt Jule.
„Hier geht es 100 Meter in die Tiefe.
Letztes Jahr sind hier zwei abgestürzt."

Wir tasten uns durch den Wald.
Wir gehen durch Büsche und Gestrüpp.

Als der Wald aufhört,
sehen wir die Hütte.

Die Hütte ist ein Block-Haus, aus Holz.
Sie liegt ganz allein oben auf dem Berg.

Jule schließt die Tür auf.
„Wir müssen Feuer machen“, sagt sie.
„Hardenberg kann in den kleinen Raum.
Wir drei schlafen in dem anderen.“

Ich sehe kurz zu Jule.
Wir haben keine andere Wahl.
Wir drei müssen zusammen in dem Ehebett schlafen.

Wir legen Hardenberg auf das Bett in dem kleinen Raum.
Wir fesseln ihn wieder.
Wir machen das Licht aus und setzen uns in die Küche.

Wir wissen nicht, wie es weitergehen soll.
Aber jetzt sind wir erst mal hier.

Drei Vorschläge

Ich werde wach, weil draußen die Vögel singen.
Eine Fliege summt im Raum.

Peter ist auch wach geworden.
Er sieht kurz zu mir rüber, ob ich schlafe.
Ich habe die Augen wieder zugemacht.

Peter legt sich auf die Seite.
Er kriecht näher zu Jule.
Er streichelt sie am Rücken.
Er drückt sich an sie.
Er hat Lust. Er will Sex.
Peter versucht, in sie einzudringen.

Ich kann das nicht ertragen.
Aber was soll ich machen?

Da schiebt Jule Peter sanft zur Seite.
Sie steht auf.
Sie geht nach draußen.

„Ist die Luft hier toll!"
Jule streckt sich und schaut auf die Berge.

Der Blick ist einfach atem-beraubend.
Von hier oben. Von der Berg-Hütte aus.

Die Vögel singen.
Die Sonne scheint.
Alles ist so schön wie ein Gedicht.
Alles ist so unwirklich.
Das alles passt nicht zu dem,
was wir hier gerade machen.
Fast vergessen wir,
dass wir einen Menschen entführt haben.

Nach dem Frühstück gehen wir nach draußen.
Hardenberg wird wieder eingeschlossen.
Wir müssen entscheiden,
wie es weitergehen soll.

„Wir haben drei Möglichkeiten", sagt Peter.
„Erstens: Wir fordern Löse-Geld.
Wir hängen Hardenberg ein Schild um den Hals:
DIE ERZIEHUNGS-BERECHTIGTEN.
Dann machen wir ein Foto von ihm und fordern
Geld. Von der Familie.
Die haben ja genug.
Mit dem Geld hauen wir dann ab.

Zweitens:
Wir machen ihn kalt."

Erschrocken sehen Jule und ich uns an.
„Bist du verrückt?", sagt Jule.

„Ich bringe keinen um.
Da mache ich nicht mit."

„War doch nur ein Witz", sagt Peter.

„Ein verdammt blöder Witz!", ruft Jule.
„Da drin liegt schließlich ein Mensch.
Da in der Hütte."

„Also gut", sagt Peter.
„Drittens:
Wir lassen ihn hier.
Mit Essen für eine Woche.
Wir sperren ihn hier ein.

Nach einer Woche informieren wir die Berg-Polizei.
Aber erst, wenn wir in Süd-Amerika sind.
In unser altes Leben können wir sowieso nicht zurück.
Das ist vorbei."

Jule sieht zu mir.

Wir haben keine anderen Ideen.

Hardenberg

Zum Essen holen wir Hardenberg an den Tisch.

„Wie viel verdienst du eigentlich im Jahr?“,
fragt ihn Peter.

„So um die 100.000“, sagt Hardenberg.

„Stimmt nicht“, sagt Jule.
„Ich habe mich damals erkundigt.
3,4 Millionen hat der im Jahr.“

Ich sehe Hardenberg wütend an:
„Und dann lässt du dir von einem Mädchen dein Auto bezahlen?
Machst das Leben kaputt von dieser jungen Frau?
Schämst du dich denn gar nicht?
Hast du überhaupt kein schlechtes Gewissen?“

Hardenberg rutscht auf seinem Stuhl hin und her.

„Ja, doch, schon.
Ich hätte mich darum kümmern sollen:
Wer das ist, der mir das Geld schuldet.
Das wusste ich nicht.
Ich wusste nicht, wer betroffen war.
Dafür möchte ich mich entschuldigen.“

Jule fragt weiter:
„Wie viele Stunden arbeitest du eigentlich am Tag?“

„13 bis 14 Stunden“, antwortet Hardenberg.

„Aber was machst du denn dann
mit dem ganzen Geld?
Vier Autos, eine Villa, ein Boot.
Und eine Yacht am Mittelmeer.
Du hast doch gar keine Zeit dafür,
mit deiner Yacht durch die Gegend zu fahren.
Du kaufst das alles nur, um anzugeben.
Du bist einfach nur gierig.“

„Nein“, sagt Hardenberg.
„Ich arbeite einfach nur mehr als andere.
Und ich hatte eben gute Ideen zur richtigen Zeit.
Das kann jeder andere doch auch so machen.
Wir leben in einer Demokratie.
Gleiches Recht für alle.
Da ist es doch nicht verboten,
wenn man arbeitet und Geld verdient.“

„Wir leben nicht in einer Demokratie“, sage ich.
„Wir leben in einem Land,
in dem das Geld regiert.
Das Geld diktiert, wer gut lebt.
Und wer schlecht lebt.“

Jule unterstützt mich:
„In Südost-Asien gibt es auch Menschen,
die viel arbeiten.
Sie arbeiten auch 13 bis 14 Stunden am Tag.
Und sicher haben einige von denen auch gute Ideen.

Aber sie bekommen nur einen Hunger-Lohn.
So wenig Geld,
dass sie nicht einmal eine Bus-Fahrt bezahlen
können."

Hardenberg sieht sie an.
„Was kann ich denn dafür, dass ich in Europa
geboren wurde?
Und nicht in Asien?
Außerdem liegt es in der Natur des Menschen."

„Was?", frage ich.

„Es liegt in der Natur des Menschen,
dass einer immer besser sein will als die anderen.
Und deshalb will man auch immer mehr
Geld verdienen.
Um glücklich zu sein."

„Glücklich?", sage ich aufgebracht.
„Guck dir doch mal die Menschen an:
in den Kauf-Häusern, auf den Roll-Treppen.

Wie Roboter stehen sie da.
Verziehen kein Gesicht.
Siehst du da einen lachen?

Oder auf den Straßen:
Alle sehen aus wie gehetzte Tiere.
Wer sieht denn da glücklich aus?

Oder abends, vor der Glotze:
Die Leute sitzen vorm Fernseher,
wie fern-gesteuert.
Sind das etwa glückliche Familien?“

„Ich weiß, dass Geld nicht alles sein sollte“,
sagt Hardenberg.
„Aber es ist nun mal so.
Ich finde es auch nicht gut,
wenn Kinder in Asien für uns arbeiten müssen.“

„Hör mal zu“, sage ich zu Hardenberg.
„Wir sind ja noch harmlos.
Wir wollen ja nur zum Denken anregen.

Aber es gibt andere.
Die haben richtig Wut im Bauch.
Menschen, die in der Scheiße stecken.
Die nie eine Chance kriegen, da rauszukommen.

Menschen, die keine Zukunft haben.
Die nur in Armut und Dreck leben.
Die haben richtig Wut im Bauch.

Und diese Menschen werden eines Tages
zu euch kommen.
Zu euch Reichen.
Und dann drehen die durch, mit ihrer Wut.
Die gehen dann anders vor als wir.

Warum gibt es denn immer mehr Serien-Killer?
Immer mehr Attentäter und Amok-Läufer?
Leute, die einfach mit der Knarre um sich
rum schießen?“

„Ich hab das System nicht erfunden“,
sagt Hardenberg.

Peter sieht ihn an:
„Entscheidend ist nicht,
wer die Pistole erfunden hat,
sondern wer damit schießt.“

Hardenberg schweigt.

Anrufen

Am nächsten Abend sitzen wir wieder am Tisch.

Plötzlich sagt Hardenberg:
„Ich finde es nicht richtig, was ihr macht.
Aber eure Ziele, eure Ideen, davor habe ich Respekt.

Ich finde es gut, dass ihr euch fragt:
Was ist Glück?
Und wie kann die Welt gerechter werden?“

„Meinst du das ernst?“, frage ich.

„Ja“, antwortet Hardenberg.
„Ich bin ja auch nicht so auf die Welt gekommen,
so, wie ich jetzt bin.
1968 habe ich auch gegen den Staat protestiert.
Zusammen mit vielen Studenten.
Da sind wir auf die Straßen gegangen.

Wir waren auch gegen Ausbeutung.
Gegen Kapitalismus.
Wir waren auch gegen die Macht des Geldes.
Genauso wie ihr.
Rudi Dutschke war mein bester Freund.
Rudi, der die ganzen Proteste angeführt hat.
Damals.“

Wir sehen Hardenberg ungläubig an.

„Du kanntest Rudi Dutschke?
Den Führer der Studenten-Bewegung?"

„Ja", sagt Hardenberg.

Auf einmal ist er uns fast sympathisch.
Wir rauchen zusammen Zigaretten.

„Ich muss euch noch was sagen", sagt Hardenberg.
„Ich muss heute unbedingt unsere
Putz-Frau anrufen.
Sie würde normal heute um 16 Uhr zu uns kommen.
Wenn sie das Keller-Fenster sieht,
dann schlägt sie Alarm.

Ich muss sie anrufen und ihr absagen.
Damit sie nicht kommt.

Ich muss auch meine Frau mal anrufen.
Wenn die nichts von mir hört, dann denkt sie,
mir ist was zugestoßen."
Wir sehen uns an.
Der Mann hat Recht.
Aber hier oben gibt es keinen Handy-Empfang.

„O.k.", sagt Peter.

„Wir fahren mit ihm ins Dorf.
Da ist eine Telefon-Zelle.
Von da aus kann er anrufen."

„Und wenn er abhaut?", fragt Jule.

„Der haut nicht ab", sagt Peter.
Und legt dabei eine Pistole auf den Tisch.

„Und wenn er doch abhaut,
dann schieße ich ihm ins Bein."

Alle sehen erschrocken auf die Waffe.

„Ich muss dich mal sprechen", sage ich zu Peter.
Wir gehen nach draußen.

„Spinnst du, Peter?
Wir fahren die ganze Zeit zusammen durch die Gegend.
Wir leben hier in dieser Hütte.
Und du hast die ganze Zeit eine Knarre dabei?
Wenn die Bullen uns angehalten hätten.
Dann hätten die doch sofort die Knarre entdeckt."
„Ruhig, Jan.
Reg dich nicht auf!
Das ist ein altes Ding.
Eine Gas-Pistole, vom Flohmarkt.
Die tut es doch gar nicht mehr."

„O.k., Peter.
Gib mir die Knarre.
Wir fahren zusammen ins Dorf.
Aber ich geh mit Hardenberg in die Telefon-Zelle."

Peter gibt mir die Pistole.
Dann geht er in Richtung Wald.

Ich gehe zurück zur Hütte.
Jule sitzt draußen.
Draußen in der Sonne.

Endlich haben wir ein paar Minuten für uns.
Für uns ganz allein.
Ich setze mich neben Jule.
Auf die warmen Steine.
Ich streichel über ihr Haar.
Ich küsse ihr Ohr.
Ganz nah rücken wir zusammen.

Wir merken nicht,
dass uns Hardenberg beobachtet.

Im Dorf

„Wo ist denn der Auto-Schlüssel?“, fragt Peter.

Ich rufe aus der Küche:
„In meiner Jacke.
Guck mal nach!“

Peter kramt in meinen Jacken-Taschen.
Da fühlt er ein Papier.
Er sieht es sich an.

Es ist das Foto.
Das Foto, das ich immer bei mir trage.
Das Foto von Jule.

Peter hat es entdeckt.
Aber Peter sagt nichts.

Schweigend fahren wir zusammen
ins Dorf hinunter.

Die Straßen sind leer.
Es ist Mittags-Zeit.

„Los!“, sage ich zu Hardenberg.
„Und mach bloß keinen Unsinn!“
Hardenberg geht vor mir zur Telefon-Zelle.

Unter meiner Jacke halte ich die Pistole versteckt.
Ich drücke sie leicht in seinen Rücken.

Peter bleibt im Bulli.
Jule steht davor.

Hardenberg wählt eine Nummer.

„Ja, guten Tag, Frau Hose.
Hardenberg hier.
Ich wollte Sie bitten, heute nicht zu kommen."
...
„Ja, ich habe den Urlaub etwas früher abgebrochen.
Ich habe so viel Arbeit.
Deshalb will ich auch heute was wegarbeiten."
...
„Gut, ich rufe Sie dann Dienstag wieder an."
...
„In Ordnung, Frau Hose.
Bis bald.
Auf Wiederhören."

Hardenberg legt auf.
Er sieht mich an.

„Jetzt meine Frau?", fragt er.
Ich nicke.
Hardenberg wählt erneut.

„Du, ja, ich bin es."
...
„Nein, nein, ich konnte nicht eher anrufen.
Wir hatten einen Wasser-Rohr-Bruch im Haus.
Ich musste mich um die Handwerker kümmern."
...
„Ja, dann bis Montag."
...
„Ich dich auch."

Hardenberg legt auf.

„Lügen kannst du ja richtig gut", sage ich zu ihm.

In dem Moment steht ein Mann vor der Telefonzelle.
Ich zucke zusammen.
Ich öffne die Tür.

„Dann mal rein in die Sauna",
lacht Hardenberg ihn an.

„Ja, ja", sagt der Mann.
„Geht ja nicht anders.
Kein Handy-Empfang."

„Mein Sohn findet das auch ganz furchtbar",
sagt Hardenberg.

Dabei klopft er mir auf meine Schulter.

Er kann nicht nur lügen.
Er ist auch noch ein guter Schauspieler.

Wäsche

Auf der Rück-Fahrt sind alle erleichtert.
Hardenberg hat mitgespielt.

Wir fahren durch die Landschaft.
Höher und höher den Berg hinauf.
Unten im Tal liegt der blaue See.

Hardenberg hält den Kopf aus dem Fenster.
Und er singt. Einen alten Schlager, von früher.

Am Nachmittag will er seine Wäsche waschen.
Draußen, in dem alten Stein-Waschbecken.
Ich passe auf ihn auf.

Wir fesseln ihn nicht mehr.
Aber aufpassen ist schon besser.

„Wie kannst du nur so ein Leben führen?“,
frage ich ihn.
„Wenn du doch früher mal ganz anders warst?“

Hardenberg sieht mich an.
„Da wächst du ganz automatisch rein.
Das geht Schritt für Schritt:

Erst willst du endlich auch mal ein Auto haben.

Ein Auto, das funktioniert.
Nicht immer nur eine alte Schrott-Karre.

Dann willst du eine Familie gründen.
Kinder haben.
Das alles kostet Geld.
Also machst du Schulden.

Dann studieren die Kinder.
Das kostet wieder Geld.
Du machst also noch mehr Schulden.

Und um von den ganzen Schulden
runterzukommen, musst du arbeiten
und Karriere machen.
Und dann bist du drin, in der Tret-Mühle:

Du machst Karriere.
Du kaufst erst ein Haus.
Dann eine Villa.
Ein Auto.
Dann noch ein Auto.
Deine Frau will ein Boot.
Du machst Urlaube.

Und alles erdrückt dich.
Die ganze Verantwortung erdrückt dich schließlich."

Freie Liebe

Peter ist irgendwie verschlossen geworden.
Er ist nicht mehr so offen mit mir.

Irgendwas ist mit Peter.
Ich habe das Gefühl, dass er mich beobachtet.
Auch beim Abend-Essen.

„Wer hat denn diese leckeren Nudeln gekocht?“,
fragt Hardenberg.
„Die sind ja fantastisch gut.“

„Ich“, sagt Peter.

„Und wer kocht bei euch?“, fragt Jule.
„Du oder deine Frau?“
„Bei uns kocht Frau Schwarz“, sagt Hardenberg.
„Wir haben natürlich auch eine Köchin.
Aber früher, in unserer Wohn-Gemeinschaft,
da habe ich gekocht.
In unserer WG.“

„Wie viel Leute wart ihr denn?“

„Sechs Leute waren wir:
Rolf und Bernd. Lizzi und Gabi.
Meine Frau und ich.

Das waren noch Zeiten:
zusammen wohnen, kochen und lieben.

Erst war Bernd mit Lizzi zusammen.
Dann Lizzi mit Rolf.
Dann ich mit Lizzi.
Dann Rolf mit meiner Frau.
Dann meine Frau mit Lizzi …

Na ja, wir wollten ja nicht nur Politik machen.
Das Ganze sollte ja auch Spaß machen.
Freie Liebe und so.
Jeder mit jedem.

Aber das muss ich euch ja nicht erzählen.
Das kennt ihr drei ja.“

Peter sieht erschrocken auf.
Wie kommt Hardenberg denn auf so was?

Jule und ich sehen nach unten, auf den Tisch.

Abhauen

„Also Leute“, sagt Peter am nächsten Morgen.
„Wir haben keinen Wein mehr.
Keinen Kaffee.
Keine Zigaretten.
Nichts mehr zu essen.

Wir müssen einkaufen.
Aber ich will nicht ins Dorf.“

„O.k.“, sage ich.
„Dann fahr ich.“

Schnell sagt Jule:
„Und ich fahre mit.“

„Denkt auch an Brot!“, ruft uns Peter hinterher.

Dann geht er ins Haus.

„Hardenberg?“

Er ist nicht mehr in der Küche.
Auch nicht in seinem Zimmer.

„Hardenberg, wo bist du?“
Peter schnappt die Pistole.

Er rennt zum Klo.
Aber auch da ist Hardenberg nicht.

Abgehauen!
Der ist abgehauen!
So schießt es Peter durch den Kopf.

Er rennt zum Brunnen.
Hinters Haus.
Runter zum Wald.

Er kann kaum atmen.
Er rennt zurück.
Zur anderen Seite.
In Richtung Abhang.
Da, wo es steil nach unten geht.

Die Pistole in der Hand läuft Peter weiter.
Voller Angst.

Da steht er: Hardenberg!

Steht da und sieht sich die Landschaft an.
Als wäre nichts passiert.

„Weißt du, Peter", sagt er wehmütig.
„Manchmal würde ich am liebsten
alles hinschmeißen.

Den ganzen Krempel verkaufen.
Wieder von vorne anfangen.

Mit meiner Frau aufs Land ziehen.
Wieder als Lehrer arbeiten.
So wie früher, nach dem Studium.
Da haben wir uns noch geliebt.
Meine Frau und ich.
Arm, aber glücklich."

„Sag mal, Hardenberg.
Was hast du eigentlich gestern Abend damit gemeint: Freie Liebe, bei uns?"

Überrascht sieht Hardenberg Peter an.
„Ja, weißt du denn gar nichts davon?"

Baden

Jule und ich fahren in Richtung Dorf.

„Krass, Jan, guck dir das mal an."

Unter der Brücke fließt ein kleiner Fluss.
Nicht tief, aber glas-klar.

„Da müsste man jetzt baden", sagt Jule.

Ich biege sofort nach rechts ab.
In Richtung Fluss.

Wir steigen aus.
Wir laufen wie Kinder zum Wasser.
Werfen unsere Kleider auf den Boden.
Springen in das eiskalte, klare Wasser.

Wir spritzen und toben.
Nehmen uns in die Arme.
Halten uns fest, beim Küssen.
Küssen uns, immer fester.

Wir gehen zum Bulli.
Jetzt wissen wir, was wir wollen.
Im Bulli, auf dem Bett,
da ziehen wir uns aus.

Jules Haut.
Endlich darf ich sie fühlen:
ihre milch-warme Haut mit den Schoko-Punkten.
Endlich darf ich sie riechen.
Sie schmecken.
In sie eintauchen.

„Jan“, stöhnt Jule.
Ihr Atem wird schneller.
Ihr Körper wilder.
Ihr nasses Haar schlägt auf meiner Brust.

Jule, will ich sagen.
Jule, will ich schreien.
Da versinken wir beide in einem wilden Rausch.

Wut

Am Abend packen Jule und ich die Einkäufe aus.
Wir sind albern und lachen in der Küche.

Plötzlich steht Peter hinter uns.
Totenstill ist es im Raum.

„Ey, habt ihr beiden was laufen?"
Peter sieht uns an.

„Denkt ihr eigentlich, ich merke nichts."

Jule sagt ganz leise: „Es ist eben passiert.
Ich habe mich in Jan verliebt."

Ich schweige.
Ich sehe Peters Wut im Gesicht.

„Na gut", sagt er mit kalter Stimme.
„Dann kann ich ja gehen.
Ihr habt euch den ganzen Scheiß hier eingebrockt.
Dann seht zu, wie ihr da wieder rauskommt."

Peter geht zur Straße.
Nicht ein einziges Mal dreht er sich um.

„Ich sprech mit ihm", sage ich zu Jule.

„Pass du auf Hardenberg auf!“

Dann laufe ich zur Straße hinunter.

Peter steht am Bulli.
Seine Hände zittern.

„Was hast du dir dabei gedacht?“, schreit er mich an.

„Es ist einfach so gekommen.“

Ich versuche, das Ganze zu erklären.
„Du hast doch selber gesagt,
ich soll mit ihr renovieren.“

„Renovieren, ja“, schreit Peter.
„Aber doch nicht mit ihr ficken!“

Er schlägt mir mit voller Wucht ins Gesicht.
Ich stolper und stürze zu Boden.

„Betrogen hast du mich!
Mein bester Freund.
Dem ich vertraut habe.
Du Schwein!“

„Wir haben uns näher kennen gelernt, Peter.
Und dabei haben wir uns ineinander verliebt.“

„Schlüssel!", schreit Peter.
„Den Schlüssel her!"

Völlig überrascht sehe ich ihn an.

„Den Auto-Schlüssel, los!"

Ich stehe auf.
Ich gebe ihm den Schlüssel von dem Bulli in die Hand.
Er schmeißt mir die Pistole vor die Füße.

Peter steigt ein.
Er startet den Wagen.
Er fährt weg.

Der kann uns doch hier nicht alleine lassen!
Alleine in dieser ganzen Scheiße.

Wütend zerschlage ich meine Wasser-Flasche.

Dann sinke ich zusammen.
Ich sitze auf dem Weg.

Ich weine um meinen Freund.
Um meinen allerbesten Freund,
den ich gerade verloren habe.

Der Bulli ist längst hinter der Kurve verschwunden.

Die Kneipe

Peter fährt runter ins Dorf.
Wohin genau, das weiß er nicht.
Er fühlt nur seine Wut.
Und seine Verzweiflung.

Betrogen haben sie ihn.
Er wollte mit ihnen zusammen alles retten.
Er wollte mit ihnen zusammen die Welt verändern.
Er wollte ihnen aus dieser Scheiße raushelfen.

Und dann betrügen sie ihn.
Wie das letzte Arschloch.

Peter hält am *Dorf-Krug* an.
Die Kneipe ist sehr voll.
Es ist laut.
Es wird geraucht.
Es wird getrunken.
Das ist gut.

Absacken!
Sich einfach gehen lassen.
An nichts mehr denken müssen.

Peter schüttet alles in sich rein:
Bier und Schnaps.

Schnaps und Bier.

Die Welt um ihn herum versinkt.
Alles ist egal!

Trauer

Ich habe es gesehen:
Jule hat auch geweint.

Sie hat heimlich auf dem Klo geheult.
Damit ich es nicht mitkriege.
Aber ihre Augen sind rot.
Wie meine.

Peter ist für sie nicht irgendeiner gewesen.
So wenig wie für mich.

Hardenberg steht in der Küche.
Er kocht für uns.
Sonst würden wir vor Kummer gar nichts essen.

Nach dem Essen gehen wir früh ins Bett.
Jule und ich.
Wir wollen nicht reden.
Wir berühren uns nicht.
Jule schläft ganz links.
Ich ganz rechts.

Mitten in der Nacht,
da poltert es draußen.
Jule wird nicht wach.
Ich schlafe auch noch halb.

Plötzlich wird die Tür aufgerissen.

Peter!
Peter fällt mitten zwischen uns.
Wie ein Sack!

Ich bin so froh.
Und penne sofort weiter.

Reden

Am nächsten Morgen sehen wir uns an.
Keiner weiß, was er sagen soll.
Also schweigen wir erst mal.

Hardenberg trinkt in der Küche einen Kaffee.
Wir drei stehen draußen.
Auf der Terrasse.

„Wir haben Scheiß gemacht", sagt Jule.
„Auch vorher schon.
Wir wollen andere belehren und machen selber nur Mist.
Wir wollten die Welt retten.
Aber es ging uns nur um uns selber."

Peter und ich sehen uns an.
Dann sehen wir zu Jule.

„Lasst uns aufgeben", sagt sie.
„Lasst uns Hardenberg zurückbringen.

Er hat gesagt: Er ruft nicht die Bullen.
Es tut mir so leid, Peter.
Aber es ging nicht anders."

„O.k., lasst uns packen!"

Peter und ich gehen zusammen ins Zimmer.
Wir packen unsere Rucksäcke.
Wir schweigen dabei.

Plötzlich boxt mich Peter.
Ich zucke zurück.
Ich habe Angst,
dass er mich wieder schlägt.

Aber er will nur kämpfen.
So, wie Jungen kämpfen.
So, wie früher.
Wir kämpfen, wie kleine Jungen kämpfen.

Plötzlich nimmt er mich in seine Arme.
Und wir weinen.
Alle beide.

Rückfahrt

Peter und ich sind völlig geschafft.
Peter vom Saufen und seiner Enttäuschung.
Ich, von allem.

Jule fährt. Hardenberg liest.
Hunderte von Kilometern geht es zurück nach Berlin.

Und auf einmal stehen wir wieder da:
Mit dem Bulli vor der Villa.

Hardenberg steigt aus.
Er ist erschöpft von der Fahrt.
Er sieht auf sein Haus.
Aber er sieht nicht glücklich aus.

„Ja", sagt er.
„Dann danke, dass Sie mich nach Hause gebracht haben.
Und machen Sie sich keine Sorgen.
Wegen der Polizei.
Ich unternehme nichts."

Jule drückt ihm seinen Pullover in die Hand.

„Ach ja", sagt Hardenberg.
„Und das ist noch für Sie."

Er gibt Jule ein Papier.

Dann geht er zum Haus.
Und winkt uns zu.

Er verzichtet auf das Geld.
Das steht in dem Papier.
Auf das Geld von Jule.

Jule kann es nicht glauben.

Danach

Wir fahren weiter.
Ohne Hardenberg.
Der war gar nicht mal so übel.

Plötzlich sagt Peter:
„Wir drei, verdammt noch mal!
Wir drei sind doch wichtiger als jede Spießer-Moral.

Man darf nur einen im Leben lieben.
So denken die Spießer.
Diese Leute, die sich nicht weiter entwickeln.
Sauber, pünktlich, ordentlich, treu.
Da stehen wir doch drüber! Oder?

Wir waren Freunde.
Und wir bleiben Freunde.
Und wir machen weiter.
Mit unseren Ideen!“

Ich sehe zu Jule.

„Ja“, sagt sie.
„Die besten Ideen, die sollen überleben!“

Klopfen

Wir drei liegen im Bett.
In weißer Bett-Wäsche.
Wie drei Engel.
So unschuldig.

Es klopft an der Tür.
Peter schläft.
Ich schlafe auch noch halb.

Jule steht auf.
Sie geht zur Tür.

Aufmachen!

„Aufmachen!“, schreit es von draußen.
„Machen Sie sofort auf!
Sonst wird geschossen!“

Polizisten haben das Haus umstellt.
Sie sehen aus wie Soldaten.
Mitten im Kampf.

Sie sind die Treppe hochgestürmt.
Die Treppe zu Jules Wohnung.

Sturm-Helme haben sie auf dem Kopf.
Maschinen-Gewehre in den Händen.
Sie schlagen an die Tür.
Sie treten dagegen.

„Aufmachen!
Sofort!“

Dann treten sie die Tür zu Jules Wohnung ein.
Stürzen in jedes Zimmer.

Die Wände sind kahl.
Die Zimmer sind leer.

Nur an einer Wand, da hängt ein Zettel.

Wir drei hatten es uns schon gedacht:
Hardenberg würde doch die Bullen rufen.

Deshalb haben wir ihm den Zettel geschrieben.
Einen Denk-Zettel:

MANCHE MENSCHEN ÄNDERN SICH NIE!

Spanien

Bei uns an der Tür klopft nur das Zimmer-Mädchen.

Jule macht auf.

„Nein danke", sagt sie.
„Sie brauchen heute nicht sauber machen."

Das sagt Jule auf Spanisch.
Denn wir sind längst weg.

Hat Hardenberg wirklich geglaubt,
dass wir ihm trauen?

Ende

Wir sind natürlich abgehauen.
Und nicht in Berlin geblieben.

Von Spanien aus werden wir weitermachen.
Mit unseren Ideen für eine bessere Welt.

Im Mittelmeer gibt es eine kleine Insel.
Dort steht ein Sender.
Der versorgt alle Fernseh-Programme von Europa.

Wenn man den Sender zerstört,
dann gibt es keine Glotze mehr.
Kein Fernsehen.

Dann sitzen die Leute da.
Und müssen wieder reden.
Und leben.
Und sich mit sich selbst beschäftigen.
Und mit den Menschen um sie herum.

Wir wollen auf diese Insel.
Und wir wissen auch wie.

Jule sieht total schick aus.
Wie ein Model. Wie ein Film-Star.
Jedenfalls wie eine total reiche, junge Frau.

Peter sieht aus wie ein Yacht-Besitzer.
Weiße Hose.
Sonnenbrille.
Schuhe für ein Boot.

Genau wie ich.
Wir fallen nicht auf.

Hier sind alle bei ihren teuren Booten.
Und wir gehen auf unsere Yacht.

Peter knackt den Motor.
Er schließt ihn kurz.
Wie Einbrecher das sonst auch gerne machen.
Mit Autos, die sie klauen.

Jule lacht.
Wie die Frauen auf den anderen Booten.

Ich küsse sie.
Wie die anderen sich küssen.
Die Reichen, die mit ihren Booten fahren.
So fallen wir nicht auf.

Und dann fährt Peter auf das Meer hinaus.

Die Wellen hinauf.
Die Wellen hinunter.

Das Wasser schäumt.
Und wir lachen.

Wir sehen das Meer und vor uns die Zukunft.

Beim Steuer-Rad liegen die Schiffs-Papiere.

Eigentümer:
Justus Hardenberg.

Über den Filme-Macher Hans Weingartner

Der Filme-Macher Hans Weingartner wurde 1970 in Österreich geboren. In seinen Filmen kritisiert er immer wieder die Ungerechtigkeiten in der Gesellschaft.

In dem Film *Die fetten Jahre sind vorbei* geht es um die ungerechte Verteilung von Geld und Reichtum. Es geht aber auch um die Träume und Sehnsüchte von jungen Menschen. Und um ihren Glauben an eine bessere Welt.
In seinen Filmen zeigt Weingartner auch immer wieder, wie gesellschaftliche Umstände Menschen krank machen können.

Für seine Filme hat er zahlreiche Preise bekommen. *Die fetten Jahre sind vorbei* wurde in 2004 als bester Spielfilm ausgezeichnet. Den Film gibt es auch als DVD.

Wörter-Liste

Seite 7: Luxus-Villa
sehr großes und teures Haus

Seite 7: Pool
Schwimm-Becken

Seite 7: Marmor
harter Stein; wird zum Beispiel verwendet für Fuß-Böden, aber auch für Figuren und andere Kunstwerke

Seite 9: teurer Schlitten
teures Auto

Seite 11: Skulptur
Figur, die von einem Künstler gemacht wird; aus Holz, Gips, Stein oder Metall

Seite 12: Stereo-Anlage
Musik-Anlage

Seite 14: Indonesien
Insel-Staat, südlich von Australien

Seite 14: Philippinen
Insel-Staat im Süd-Chinesischen Meer

Seite 15: Demo
Abkürzung von Demonstration; Gruppe von Menschen, die für ihre Meinung auf die Straße gehen

Seite 17: Räumungs-Klage
Man muss die Wohnung verlassen, sonst macht man sich strafbar.

Seite 21: Typen
Menschen mit einem besonderen Aussehen; hier: unsympathische Männer

Seite 23: auf die Fresse
Schläge bekommen

Seite 26: Job
Arbeit

Seite 26: Schicki-Micki
besonders vornehm

Seite 28: eingebildeten Affen
Menschen, die von sich selbst zu sehr überzeugt sind

Seite 29: in Geld schwimmen
sehr viel Geld haben

Seite 29: Raten
Eine große Summe Geld wird in kleinen Einheiten bezahlt.

Seite 29: metallic
glänzt wie Metall

Seite 31: Denk-Zettel
Ermahnung; jemanden zum Denken bringen

Seite 33: Objekte
Gegenstände; hier: teure Häuser

Seite 35: Moral
das, was gut und böse ist

Seite 36: Prinzipien
Regeln, nach denen man handelt

Seite 41: Theater machen
sich sehr aufregen

Seite 45: Top-Manager
Chef in einem großen Unternehmen

Seite 47: Verbündeter
jemand, der zu einem hält; jemand, der einem hilft

Seite 54: Kaution
Geld, das man einem Vermieter gibt als Sicherheit für Schäden in der Wohnung. Wenn keine Schäden da sind, bekommt man das Geld beim Auszug zurück.

Seite 59: am Boden zerstört sein
entsetzt sein; fast zusammenbrechen vor Kummer

Seite 67: krass
beeindruckend

Seite 71: flackern
unruhig leuchten

Seite 72: ruinieren
zerstören

Seite 78: Streifenwagen
Polizei-Auto

Seite 84: dämlich
dumm

Seite 89: Puls
Herz-Schlag, den man in der Schlag-Ader am Hand-Gelenk fühlt

Seite 95: 110
Polizei-Notruf

Seite 98: Katzen-Sprung
kurze Strecke

Seite 100: atem-beraubend
sehr beeindruckend; überwältigend

Seite 106: Chance
Gelegenheit; Möglichkeit

Seite 107: System
wie Staat, Wirtschaft und Gesellschaft organisiert sind

Seite 109: Rudi Dutschke
(1940-1979); Anführer von Protesten der Studenten in den 1960er-Jahren gegen Ausbeutung und ungerechte Verteilung von Geld. Ein Hilfs-Arbeiter schießt 1968 auf Dutschke, weil er eine andere politische Meinung hat. 1979 stirbt Dutschke an den Folgen dieses Angriffs.

Seite 110: Knarre
Pistole; Waffe

Seite 117: Karriere machen
erfolgreich im Beruf sein; immer wieder befördert werden

Seite 125: Scheiß einbrocken
in schwierige Situationen bringen; Probleme machen

Seite 126: ficken
zusammen Sex haben

Seite 132: Mist machen
Sachen anstellen, die zu Problemen führen

Seite 136: Spießer-Moral
altmodisch über Gut und Böse urteilen

Seite 141: Glotze
Fernseher

Seite 144: gesellschaftliche Umstände
Bedingungen, unter denen Menschen in einer bestimmten Gesellschaft leben